ASTRID LINDGREN
Lesebuch zum 100. Geburtstag

*Almanach 2007
44. Jahrgang*

Verlag Friedrich Oetinger · Hamburg

Astrid Lindgren

geb. 14. November 1907
gest. 28. Januar 2002

© Verlag Friedrich Oetinger, Hamburg 2007
Alle Rechte vorbehalten
Redaktion: Anne Petersen
Redaktionsstand: Februar 2007
Layout: Gisela Ebert
Cover unter Verwendung eines Fotos von Cornelius Meffert
Reproduktion: ScreenArt, Ahrensburg
Druck und Bindung: Clausen & Bosse, Leck
Printed in Germany 2007
ISBN 978- 3-7891-1429-8

Inhalt

6 Wir verdanken ihr alles
Vorwort der Verlegerin Silke Weitendorf

Leben und Werk

8 Von Vimmerby in die Welt
Ein fotografischer Streifzug durch Astrid Lindgrens Leben

14 Komm mit und spiel mit mir!
Ein Bilderbuch über die Kindheit von Astrid Lindgren

16 Kerstin Kvint, Wem fehlt sie nicht?
Kerstin Kvint erinnert an 50 gemeinsame Jahre

20 Von Millionen geliebt
Die wichtigsten Zahlen zu Astrid Lindgrens Werk

23 Ihr zu Ehren: die Astrid-Lindren-Preise

24 Pippi international
43 Namen für die berühmteste Kinderbuchfigur der Welt

Pippi Langstrumpf

26 Sybil Gräfin Schönfeldt, Wie Pippi Langstrumpf nach Deutschland kam
1949 reiste Friedrich Oetinger nach Stockholm

29 Monika Osberghaus, Pippi verabreicht ein Lebenselixier
Warum »Pippi Langstrumpf« zu den 50 besten Kinderbüchern gehört

32 Karin Nyman, Das erste Buch über Pippi Langstrumpf
Astrid Lindgrens Tochter Karin Nyman über die Entstehung der »Ur-Pippi«

34 Ulla Lundqvist, Liebe kleine, karierte Kinder!
Aus dem Kommentar zur »Ur-Pippi«

36 Für Kinder über 14 Jahren
Eine »Pippi-Langstrumpf«-Besprechung von 1949

37 Hinreißend frech und fröhlich: die neue »Pippi Langstrumpf«
Weltpremiere zum Jubiläumsjahr: »Pippi Langstrumpf« mit farbigen Bildern von Katrin Engelking

Die Lindgren-Illustratoren

43 Jeder weiß, wie Michel aussieht!
Ohne sie wäre es nur halb so schön: die wichtigsten Lindgren-Illustratoren

Astrid Lindgren und die Kinderrechte

50 Maren Gottschalk, »Schenkt den Kindern Liebe, mehr Liebe und noch mehr Liebe«
Astrid Lindgren und die Rechte der Kinder

54 Astrid Lindgren, Niemals Gewalt!
Aus Astrid Lindgrens berühmter Rede anlässlich der Verleihung des Friedenspreises des Deutschen Buchhandels

Märchen

59 Vivi Edström, Astrid Lindgren als Schöpferin des modernen Märchens

61 Susanne Gaschke, Die Puppe Mirabell und andere Märchen von Astrid Lindgren

66 Astrid Lindgrens Märchenwelt

Neue Medien

68 Singen mit Pippi, Michel & Co.
Das große Astrid-Lindgren-Liederbuch – zum Mitsingen und Musizieren

71 Pippi ist eine Art Anarchistin
Heike Makatsch über ihre Liebe zu »Pippi Langstrumpf«

74 »Ich sah aus wie Michel aus Lönneberga«
Prominente Schauspieler lesen die schönsten Geschichten von Astrid Lindgren

78 Apselut Spunk!
Die große Astrid-Lindgren-CD-ROM

Zur Erinnerung – aus ausgewählten Nachrufen

80 Kirsten Boie, Eine Meisterin der Poesie des Einfachen

84 Henning Mankell, Astrid Lindgrens Geheimnis

87 Gert Ueding, Astrid Lindgren hatte es gut

Was ist los im Jubiläumsjahr?

90 Astrid überall
Veranstaltungen und Projekte im Astrid-Lindgren-Jahr

97 Click and Enter!
Astrid Lindgren online: Informationen und Mitmach-Angebote

98 Unterwegs in Astrid Lindgrens Welt
Die schönsten Ziele für Lindgren-Liebhaber

Das große Astrid-Lindgren-Geschichtenquiz

102 Sind Sie ein Lindgren-Experte? Testen Sie Ihr Wissen!
Ein Ratespiel für alle, die Astrid Lindgrens Kinderbücher lieben

Übersichten

112 Zeittafel

116 Auszeichnungen aus aller Welt

120 *Lieferbare Bücher, Tonträger, CD-ROM*

Wir verdanken ihr alles

Vorwort der Verlegerin Silke Weitendorf

Wie sähe die Kinderliteratur heute wohl aus, gäbe es nicht Pippi Langstrumpf, Michel, die Kinder aus Bullerbü und Ronja Räubertochter? Astrid Lindgrens Figuren haben uns von klein auf begleitet und unsere Vorstellung von einer glücklichen Kindheit geprägt.

Astrid Lindgrens »Pippi Langstrumpf« legte den Grundstein für den Erfolg des Oetinger-Verlages und ohne sie und ihre vielen weiteren Kinderbücher wären wir heute nicht, wo wir sind. Astrid Lindgren aber hat noch viel mehr bewirkt: Sie hat die Kinderliteratur des 20. Jahrhunderts von Grund auf verändert, sie war Wegbereiterin für skandinavische Kinderbücher in aller Welt und sie hat – indirekt durch ihre Geschichten und direkt in Reden und Interviews – die Rechte der Kinder gestärkt und einen nicht zu unterschätzenden Einfluss auf Erziehung und Bildung genommen.

Am 14. November 2007 wäre Astrid Lindgren 100 Jahre alt geworden. Ihr Geburtstag wird in der ganzen Welt gefeiert und mit zahlreichen Veranstaltungen gewürdigt. Auch für den Verlag Friedrich Oetinger steht das Jahr 2007 ganz im Zeichen der berühmten Autorin, denn wir verdanken ihr alles, haben sie geliebt und bewundert. Ihr zu Ehren hat der Oetinger Verlag anlässlich ihres 60. Geburtstags den Astrid-Lindgren-Preis für das beste unveröffentlichte Manuskript gestiftet, der in unregelmäßigen Abständen ausgelobt wird. Auch in diesem Jahr werden wir wieder einem Astrid-Lindgren-Preisträger gratulieren können. Wir freuen uns auf die Preisverleihung im Oktober auf der Frankfurter Buchmesse.

Monat für Monat feiert der Oetinger Verlag das Lindgren-Jahr mit neuen Angeboten. Den Auftakt bilden zwei besondere Spitzentitel: eine neu und erstmals farbig illustrierte Ausgabe von »Pippi Langstrumpf« und der Bildband »Astrid Lindgren. Bilder ihres Lebens«. Gleichzeitig startet im Februar die große Jubiläumsedition, in der bis November monatlich alle wichtigen Romane und Erzählungen erscheinen. Diese Titel und noch viel mehr stellen wir Ihnen im Astrid-Lindgren-Jubiläumslesebuch vor. Viel Spaß beim Stöbern und Entdecken!

Silke Weitendorf, Verlegerin

ASTRID LINDGREN. Lesebuch zum 100. Geburtstag

Von Vimmerby in die Welt

Ein fotografischer Streifzug durch Astrid Lindgrens Leben

Die Geschichte von Astrid Lindgrens Leben ist fantastisch wie ihre Erzählungen: Das Mädchen vom Lande verlässt das Paradies der Kindheit, bekommt ein uneheliches Kind, hungert in der Großstadt, heiratet, beginnt zu schreiben – und wird die berühmteste Kinderbuchautorin der Welt. Ihre Bücher werden auf allen Erdteilen gelesen, sie wird mit Preisen und Auszeichnungen überhäuft und beeinflusst Gesetze und Regierungen.

Das Oetinger Lesebuch zeigt eine Auswahl der schönsten Fotos aus dem zum Auftakt des Lindgren-Jahres erschienenen Bildband »Astrid Lindgren. Bilder ihres Lebens« – schauen Sie mit uns hinein!

Fotograf: Stenhardt Astrids Fotoalbum

1918. Von links: Samuel August, die Geschwister Ingegerd, Astrid, Stina und Gunnar und Hanna Ericsson

Astrid Lindgren wurde am 14. November 1907 als Astrid Ericsson geboren und verlebte ihre Kindheit auf dem Hof Näs nahe der Kleinstadt Vimmerby in Småland.

1923. Astrid als Konfirmandin

2005. Wohnraum auf dem Hof Näs

Astrid spielte mit ihren Geschwistern und Freunden gerne »Nicht-den-Fußboden-berühren«. Dabei sprangen die Kinder auf den Möbeln hin und her – genau wie später Pippi, Tommy und Annika!

Die siebzehnjährige Astrid und ihre Freundinnen verkleidet mit Hut und Anzug – so gratulierten sie »Madicken«, wahrscheinlich das Vorbild für »Madita«, zum Geburtstag

Anne-Marie Fries' Fotoalbum

1924. Rechts: Astrid Ericsson

1930. Astrid mit Lasse

1926 wurde Astrids Sohn Lars geboren. Die ersten drei Jahre lebte er bei einer Pflegefamilie in Dänemark, bis sie ihn 1930 zu sich nach Stockholm holte.

1932 heiratete Astrid Sture Lindgren, den späteren Direktor von Schwedens größtem Automobilclub.

1934 kam Astrids Tochter Karin zur Welt, die Erfinderin des Namens »Pippi Langstrumpf«. Sie forderte ihre Mutter eines Tages auf, ihr von »Pippi« zu erzählen.

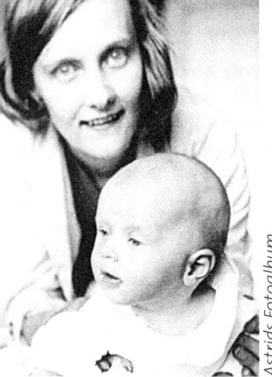
1934. Astrid und Karin

1939. Sture und Astrid Lindgren

»Schreiben ist harte Arbeit, aber es ist das Wunderbarste, was es gibt. Morgens schreibe ich, und abends denke ich: Oh, wenn es doch wieder Morgen wäre und ich weiterschreiben könnte!«

Späte 1940er-Jahre. Beim Stenografieren

LEBEN UND WERK

Mit dem Erscheinen von »Pippi Langstrumpf« 1945 begann Astrid Lindgrens Erfolg. 1949 erschien das Buch in Deutschland – und ging bald um die Welt. Ihre Romane wurden in mehr als 90 Sprachen übersetzt.

1981 mit einer Auswahl internationaler Buchausgaben

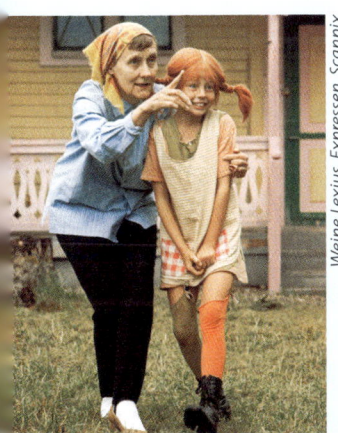

Astrid Lindren am Filmset (links 1968 mit Inger Nilsson, rechts 1971 mit Jan Ohlsson)

Viele der Kinderbücher von Astrid Lindgren wurden verfilmt – und fast jeder kennt Inger Nilsson als Pippi Langstrumpf und Jan Ohlsson als Michel aus Lönneberga!

1987 bei der Feier zu ihrem 80. Geburtstag

Astrid Lindgren wurde mit zahlreichen Preisen, u. a. dem Friedenspreis des Deutschen Buchhandels und dem Alternativen Nobelpreis, ausgezeichnet. Sie setzte sich nachdrücklich für die Rechte von Kindern, für Gewaltlosigkeit und den Tierschutz ein.

In der Dalagatan 46 im Vasaviertel in Stockholm lebte Astrid Lindgren bis zu ihrem Tod. Eine Tafel erinnert heute an die berühmte Bewohnerin.

2006. Astrid Lindgrens Wohnhaus

Weitere Informationen: Zeittafel und Auszeichnungsliste auf S. 112 ff.

LEBEN UND WERK

Jacob Forsell/Johan Erséus/
Margareta Strömstedt
*Astrid Lindgren
Bilder ihres Lebens*
Mit 160 Fotos
Aus dem Schwedichen
von Angelika Kutsch
Schutzumschlag, 272 Seiten
ISBN 978-3-7891-3516-3

Der aufwendige und hochwertige Bildband »Astrid Lindgren. Bilder ihres Lebens« zeigt viele bislang unveröffentlichte Fotografien, u.a. aus den privaten Alben der Familie Lindgren, und lädt dazu ein, einen einzigartigen Menschen zu entdecken – eine »wunderbare Frau, die sich gern und oft sichtlich amüsiert hat fotografieren lassen« (Jacob Forsell).

Jacob Forsell (rechts), geboren 1942, arbeitete viele Jahre als Fotograf für die Zeitung »Expressen« und ist einer der bedeutendsten Fotografen Schwedens. Johan Erséus (links) ist Journalist, Übersetzer und hat als Co-Autor bereits den Bildband »von Pippi, Michel, Karlsson & Co. Astrid Lindgrens Filmwelt« veröffentlicht. Margareta Strömstedt (Mitte), geboren 1931, ist Journalistin und Schriftstellerin. Die enge Freundin von Astrid Lindgren hat mit der Biografie »Astrid Lindgren. Ein Lebensbild« das wichtigste Werk über Astrid Lindgrens Leben verfasst.

ASTRID LINDGREN. Lesebuch zum 100. Geburtstag

Komm mit und spiel mit mir!

Ein umfangreiches Bilderbuch über die Kindheit von Astrid Lindgren

Was haben Astrid und ihre Geschwister auf dem Hof Näs gespielt? Welche Abenteuer erlebte sie mit ihrer Freundin Madicken, die später zum Vorbild für »Madita« wurde? Astrid Lindgrens Kindheit ähnelt in vielem der Welt, in der ihre Kinderbuchfiguren leben – und die sind zum »Synonym für unbeschwerte Kindheitserinnerungen« geworden, wie die Tageszeitung »DIE WELT« über die Geschichten von den Kindern aus Bullerbü schrieb. Astrid Lindgren selbst hat die liebevolle und freiheitliche Atmosphäre ihrer Familie in der Erzählung »Das entschwundene Land« für immer festgehalten – und das schwedische Autoren-/ Illustratorenduo Christina Björk und Eva Eriksson hat nun ein reichhaltiges Bilderbuch geschaffen, in dem die Landschaft, der Hof, die Familie und Freun- de sowie all die Abenteuer und Spiele, die die Tage der kleinen Astrid erfüllten, für Kinder von heute zum Leben erwacht – ein Schatz voller Entdecker- und Erlebnisfreude für die ganze Familie!

Neu

Ein Teil des Erlöses aus dem Verkauf dieses Buches ist bestimmt für den Aufbau eines SOS-Kinderdorfes in Bouar in Zentralafrika.

Christina Björk/Eva Eriksson
*Von Kletterbäumen, Sachensuchern und kitzligen Pferden
Astrid Lindgrens Kindheit*
Mit farbigen Bildern von Eva Eriksson
und vielen Fotos
Aus dem Schwedischen
von Dagmar Brunow
Gebunden, ca. 96 Seiten
ISBN 978-3-7891-3168-4
Erscheinungstermin: August 2007

Christina Björk, geboren 1938, lebt in Stockholm und wurde bereits zweimal mit dem Deutschen Jugendliteraturpreis ausgezeichnet. Bekannt wurde sie vor allem durch ein Bilderbuch, das Kinder in Leben und Werk des Malers Monet einführt.

Eva Eriksson, geboren 1949, gehört zu den international erfolgreichsten schwedischen Illustratorinnen und wurde mehrfach ausgezeichnet. Sie hat zahlreiche Bücher bei Oetinger veröffentlicht.

1997. Astrid Lindgren mit Kerstin Kvin[t]

Kerstin Kvint

Wem fehlt sie nicht?

Kerstin Kvint erinnert an 50 gemeinsame Jahre

Ich begegnete Astrid Lindgren 1952, als ich als 15-Jährige im Ver[-]lag Rabén & Sjögren anfing, in dem sie als Leiterin der Kinder[-]buchabteilung angestellt war. Astrid arbeitete seit 1946 dort. Ich saß im selben Stockwerk wie sie, und die ganze Abteilung trank immer nachmittags zusammen Kaffee.

Es war natürlich ein großes Glück, Astrid täglich so nahe zu sein; sie hatte immer viel zu erzählen. Neben ihrer anstrengen[-]den Halbtagsarbeit als Leiterin der Kinderbuchabteilung und ihrer eigenen Schriftstellerei (die sie vormittags zwischen ach[t] und zwölf Uhr – mit dem Stenogrammblock im Bett sitzend betrieb) hatte Astrid noch eine Menge anderer Arbeiten zu e[rledigen]

LEBEN UND WERK

ledigen. Sie schrieb selbst die Drehbücher für all ihre Filme, sie bearbeitete ihre Bücher selbst für die Bühne. Dazu kam noch, dass sie damals die Betreuung ihrer Bücher im Ausland selbst in der Hand hatte. Wie schaffte sie das alles? Es ist eigentlich vollkommen unbegreiflich. Aber ihre Arbeitskapazität war enorm – ebenso ihr Pflichtgefühl. War sie einmal einen Tag lang »faul«, machte sie sich gleich Vorwürfe.

1962 trennten sich unsere Wege vorübergehend. Ich zog mit meinem Mann und unserer neugeborenen Tochter nach Värmland, ließ mich jedoch von Astrid und dem Verleger überreden, aus der Distanz die Auslandsgeschäfte und Koproduktionen des Verlags zu betreuen. Astrid arbeitete weiter im Verlag, und wir hatten fast täglich Kontakt, telefonisch oder brieflich, und sämtliche Briefe habe ich aufbewahrt. Der Verlagschef war für sein heftiges Temperament bekannt, und 1964 schreibt Astrid mir: »Heute hat Rabén einen seiner richtigen Stallknechtausbrüche gehabt, und jetzt ducken wir uns erschrocken hinter unsere Schreibtische.«

Astrid fühlte sich nicht uneingeschränkt wohl mit der täglichen Plackerei und versuchte stets, es so einzurichten, dass sie einen langen Sommerurlaub nehmen konnte. Den verbrachte sie in ihrem geliebten Furusund, draußen in den Schären.

Astrid Lindgrens Haus auf Furusund

1959. Astrid Lindgren an ihrem Schreibtisch bei Rabén & Sjögren

Gegen Ende ihrer Karriere konnte sie nur noch dort draußen schreiben, in Stockholm nahmen die Forderungen der Außenwelt überhand. Wenn man bedenkt, wie wichtig Astrid die Familie war und wie ernst sie Freundschaften nahm, versteht man, dass ihre Tage nur selten lang genug waren. Sie war stets die Erste, die ihre Freundinnen besuchte, wenn sie krank wurden, und ihre eigene Familie, Kinder und Enkelkinder, lud sie einmal in der Woche zum Essen ein, und immer kochte sie selbst. Man kann sich fragen, wie viele Portionen Kohlrouladen, Schweinebraten, Fleischklößchen und Hähnchenschmortopf sie über die Jahrzehnte zubereitete – Hunderte, Tausende? Und jedem Enkelkind backte sie zum Geburtstag einen Reiskuchen.

Nach ihrem 75. Geburtstag kam Astrid eines Tages in den Verlag (in den ich 1971 zurückgekehrt war) und sprach davon, wie erschöpft sie war und dass die Menge der Briefe ihr vollständig über den Kopf wuchs. Ich schlug ihr daraufhin vor, einen Tag in der Woche freizunehmen und ihr bei der Korrespondenz zu helfen. So würde sie entlastet und bekäme etwas mehr Zeit für ihr eigenes Schreiben. Kurz bevor sie 80 Jahre alt wurde, bekam sie schwere Sehstörungen. Nur mithilfe starker Vergrößerungsgläser konnte sie noch ein wenig lesen, und natürlich war sie sehr traurig darüber.

Die verbleibende Zeit reichte für ihr eigenes Schreiben nicht mehr aus – und ihre Kräfte vielleicht auch nicht. Doch ihre Rolle als »Weltgewissen« war einzigartig – und Jahr um Jahr wurde sie in Umfragen zur populärsten Person in Schweden gewählt. Zum Jahrtausendwechsel wurde sie zur »Schwedin des Jahrhunderts« gekürt – in Konkurrenz mit Namen wie August Strindberg, Selma Lagerlöf und Axel Munthe.

Es ist ein Privileg, 50 Jahre seines Lebens an der Seite einer Person wie Astrid Lindgren verbracht zu haben. Das Bemerkenswerteste für mich ist das Wissen, dass ihre Empathie und ihr Mitgefühl durch und durch echt waren; nichts an ihr war falsch oder aufgesetzt. Sie selbst sah sich ihr ganzes Leben lang als Bauernmädchen aus Småland.

Kerstin Kvint, geboren 1936, arbeitete zunächst im Verlag Rabén & Sjögren, bevor sie ihre eigene literarische Agentur gründete. Sie war eng mit Astrid Lindgren befreundet und viele Jahre ihre persönliche Sekretärin. Der vorliegende Text ist die gekürzte Fassung eines von Wolfgang Butt aus dem Schwedischen übersetzen Artikels, der am 02.03.2006 in der Wochenzeitung »DIE ZEIT« erschien.

ASTRID LINDGREN. Lesebuch zum 100. Geburtstag

Von Millionen geliebt

Die wichtigsten Zahlen zu Astrid Lindgrens Werk

Astrid Lindgren ist die erfolgreichste Kinderbuchautorin unserer Zeit und ihr literarisches Werk wird noch viele Jahrzente weiterleben. Ihre Bücher wurden in mehr als 90 Sprachen übersetzt, und die geschätzte Weltauflage beträgt 145 Millionen Exemplare. Jedes fünfte Buch davon – insgesamt 30 Millionen Exemplare – ist in Deutschland erschienen. Bei uns sind rund 100 Titel lieferbar und im Jubiläumsjahr werden 15 neue dazukommen.

Die Lindgren-Bestseller
Die bestverkauften Bücher in Deutschland

Titel	Auflage
Pippi Langstrumpf	7.000.000
Bullerbü	4.000.000
Michel	2.800.000
Kalle Blomquist	1.500.000
Ronja Räubertochter	1.100.000
Karlsson	1.000.000
Mio, mein Mio	750.000
Die Brüder Löwenherz	700.000

Stand: Dezember 2006

Mit 57 Übersetzungen ist »Pippi Langstrumpf« auch weltweit die erfolgreichste Figur Astrid Lindgrens. Es folgen die »Michel«-Bücher mit 44 Übersetzungen und »Die Brüder Löwenherz« sowie »Ronja Räubertochter«, die in 42 bzw. 39 Sprachen zu lesen sind. Darunter finden sich auch so seltene Sprachen wie Kymrisch (Wales), Swahili (Ostafrika) oder Lulesamisch (Lappland). Bisweilen gab es auch mehr als eine Übersetzung gleichzeitig – so z. B. bei der russischen Ausgabe von »Karlsson vom Dach«, dem beliebtesten Astrid-Lindgren-Kinderbuch in der früheren Sowjetunion. 1957 kam die erste Übersetzung auf den

Die internationalen Top Ten
Welche Titel wurden am häufigsten übersetzt?

Anzahl der Sprachen

Titel	Anzahl der Sprachen
Pippi Langstrumpf	57
Michel in der Suppenschüssel	44
Die Brüder Löwenherz	42
Ronja Räubertochter	39
Karlsson vom Dach	36
Wir Kinder aus Bullerbü	35
Mio, mein Mio	33
Kalle Blomquist	32
Madita	26
Rasmus und der Landstreicher	25

Stand: März 2002

russischen Markt, bereits kurz darauf waren mehr als 70 verschiedene Fassungen verbreitet – in der Regel unautorisiert. Die verschiedenen Ausgaben sorgten in den russischen Zeitungen für eine anhaltende Debatte darüber, welcher Karlsson der »wahre« sei.

Filmplakat von »Wir Kinder aus Bullerbü« (1986)

Aus: Petter Karlsson/Johan Erséus, Von Pippi, Michel, Karlsson & Co.

Nicht nur als Bücher sind Astrid Lindgrens Werke Klassiker. Zahlreiche Filme und Fernsehserien haben unser Bild der Figuren maßgeblich geprägt. Die erste Verfilmung entstand bereits 1947 in Schweden, der Film »Meisterdetektiven Blomkvist«; nahezu 30 weitere Kinofilme und TV-Produktionen folgten. Oft und bis ins Alter von über 80 Jahren hat Astrid Lindgren selbst das Drehbuch geschrieben – so bei den Filmen über Pippi Langstrumpf, über Michel aus Lönneberga, von den Kindern aus Bullerbü oder Karlsson vom Dach. Beim Klassiker »Ferien auf Saltkrokan« gab es das Drehbuch sogar vor dem Kinderbuch.

Astrid Lindgren und ihr Werk haben weit über die Literatur hinaus gewirkt. In Deutschland sind fast 200 Schulen nach ihr benannt worden und haben ihre Grundwerte zu Leitlinien gemacht. Pippi Langstrumpf kennen sogar die Kinder, die noch nie eine Geschichte von Pippi gelesen haben – und bei Michel ist es kaum anders. Mittlerweile gibt es sogar Straßen, die Astrid Lindgrens Namen tragen – und Vornamen wie Ronja oder Lotta sind zum festen Bestandteil unserer Kultur geworden.

LEBEN UND WERK

Ihr zu Ehren: die Astrid-Lindgren-Preise

Astrid Lindgren hat nicht nur nahezu alle wichtigen Preise für Kinder- und Jugendliteratur* erhalten, sie ist auch selbst zur Namensgeberin von Auszeichnungen geworden. Bereits zu ihren Lebzeiten stifteten der schwedische Verlag Rabén & Sjögren und der deutsche Verlag Friedrich Oetinger je einen eigenen »Astrid-Lindgren-Preis«, nach ihrem Tod wurde 2003 von der schwedischen Regierung der ALMA, der Astrid Lindgren Memorial Award, ins Leben gerufen.

ALMA (Astrid Lindgren Memorial Award)

Der ALMA ist mit fünf Millionen schwedischen Kronen, knapp 550.000 Euro, dotiert und nach dem Nobelpreis der zweitgrößte Literaturpreis der Welt. Vergeben wird er einmal jährlich für schriftstellerische Tätigkeit, Illustrationen und andere leseförderne Aktivitäten im Geiste Astrid Lindgrens. Ziel sind die Förderung von Kinder- und Jugendliteratur und die Stärkung der Kinderrechte. Den ersten ALMA 2003 erhielten die Österreicherin Christine Nöstlinger und der Autor und Illustrator Maurice Sendak. Die Preisträger 2007 werden im März des Jahres in Astrid Lindgrens Geburtsstadt Vimmerby bekannt gegeben.

Astrid-Lindgren-Preis (Oetinger)

Der Astrid-Lindgren-Preis des Oetinger Verlages ist mit 10.000 Euro dotiert. Ausgezeichnet wird das beste bislang unveröffentlichte Kinderbuch-Manuskript. Der in unregelmäßigen Abständen verliehene Preis ist im Jubiläumsjahr erneut ausgeschrieben worden und wird im Oktober 2007 auf der Frankfurter Buchmesse verliehen.

Siehe Auszeichnungsliste S. 116 ff.

Mehr als 600 Manuskripte wurden für den Astrid-Lindgren-Preis eingereicht. Markus Niesen, Programmgeschäftsführer des Oetinger-Verlages, ist Mitglied der Jury, die sämtliche Texte prüft.

Pippi international

43 Namen für die berühmteste Kinderbuchfigur der Welt

	BG	Bulgarien	Pipi Dalgoto Choropche
	BR	Brasilien	Bibi Maiea-Longa
	DK	Dänemark	Pippi Langstrømpe
	D	Deutschland	Pippi Langstrumpf
	RC	China	Changwazi Pipi
	GB	England	Pippi Longstocking
	EST	Estland	Pipi Pikksukk
	FIN	Finnland	Peppi Pitkätossu
	F	Frankreich	Fifi Brindacier
	GR	Griechenland	Pipe Phakidomyte Pipilo
	NL	Holland	Pippi Langkous
	RI	Indonesien	Pippi Si Kaus Panjang
	IR	Iran	Pipi Gurab-baland
	IS	Island	Lina Langsokkur
	IL	Israel	Bilbee Bat-Gerev
	I	Italien	Pippi Calzelunghe
	J	Japan	Ochame-Na Pippi Nagakutsushita no Pipi
	K	Korea	Malkwallyangi PPippi
	HR	Kroatien	Pipi Duga Carapa

LEBEN UND WERK

KGZ	Kurdistan	Pippi-Ya Goredirey
LV	Lettland	Pepija Garzeke
YU	Mazedonien	Pipi dolgiot corap
N	Norwegen	Pippi Langstrømpe
D	Plattdeutsch	Pippi Langstrump
PL	Polen	Fizia Pónczoszanka
P	Portugal	Pippi Mediaslarga Pippi das meias altas Bibi Meia-Longa
RUS	Russland	Pippi Dlinnyjchulok
S	Schweden	Pippi Långstrump
YU	Serbien	Pipi Dugacka Carapa
SK	Slowakei	Pippi Dlhá Pancucha
SLO	Slowenien	Pika Nogavicka
E	Spanien	Pippi Calzaslargas Pippa Mediaslargas
ZA	Südafrika	Pippie Langkous (Afrikaans)
THA	Thailand	Pippi Thung-Taow Yaow
TR	Türkei	Pippi Uzuncorup Pippi Uzuncorap
H	Ungarn	Harisnyás Pippi Hariesnyás Pippi
USA	USA	Pippi Longstocking
VN	Vietnam	Pippi Tat Dai

Sybil Gräfin Schönfeldt

Wie Pippi Langstrumpf nach Deutschland kam

1949 reiste Friedrich Oetinger nach Stockholm

Zwei Stempel gaben im Frühling 1949 endlich den Weg nach Stockholm frei. Wie ein Kind in der Weihnachtszeit ging ich durch die strahlend hell erleuchtete Stadt, genoss die übervollen Schaufenster, die heile Welt; nach den dunklen, zerstörten Städten unseres Landes ein unvorstellbares Erlebnis. Der schwedische Tidens Förlag nahm mich herzlich auf, ich besuchte Buchhandlungen, Bibliotheken, Verlage und traf mich abends mit Verlegern und Autoren.«

Und dann kam ein ganz besonderer Tag, an dem er wie an allen Tagen dieser Reise eine Buchhandlung besuchte, die Bücher in den Regalen betrachtete, dabei wieder feststellte, dass es fast gar keine aus dem Deutschen übersetzte Kinderbücher gab, und schließlich auf ein kleines dickes Buch stieß, das auf dem Titel ein Mädchen mit roten Zöpfen und verschiedenfarbigen Rutschestrümpfen zeigte. Als der Buchhändler merkte, dass Oetinger an Kinderbüchern und speziell an diesem interessiert war, sagte er, dieses Büchlein sei ein großer Erfolg. Es würde von den Kindern geliebt und von den Pädagogen leidenschaftlich diskutiert. Er fragte mich, ob ich die Verfasserin kennenlernen möchte. Das sei gar kein Problem, die Autorin arbeite nur um die Ecke. »Da sollten Sie gleich einmal hingehen!«

PIPPI LANGSTRUMPF

1969. Astrid Lindgren mit Friedrich und Heidi Oetinger

Und ehe Oetinger etwas sagen konnte, war die telefonische Verabredung getroffen, »und wenige Minuten später saß ich einer stillen, liebenswürdigen Frau gegenüber: Astrid Lindgren. Glücklicherweise sprach sie Deutsch und so konnte ich ihr von meiner Arbeit erzählen und von dem, was ich über das kleine Buch erfahren hatte. Ich bat sie um eine Option. ›Das ist wahr‹, sagte sie, ›hier in Schweden ist Pippi Langstrumpf ein großer Erfolg geworden, aber sonst nirgendwo. Fünf deutsche Verleger haben es gehabt und sie alle haben es mir zurückgeschickt.‹ – ›Frau Lindgren‹, sagte ich, ›ich kann Schwedisch lesen und das Buch selbst beurteilen.‹ – ›Nun gut, versuchen Sie es‹, war Astrid Lindgrens Antwort.«

Astrid Lindgren schildert die erste Begegnung so: »Als ich an einem Vorfrühlingstag 1949 in meinem kleinen engen Büro in einem alten, nunmehr niedergerissenen Haus in der Oxtorsgatan in Stockholm saß, wurde ein deutscher Buchverleger angemeldet. Etwas Derartiges hatte ich noch nie erlebt, und ich wartete neugierig. Herein trat ein sehr bescheidener Herr; ein sanftmütiger, braunäugiger, freundlich lächelnder Mann, der Franz Schubert auffallend ähnlich sah. Nach einem besonders erfolgreichen Verleger sah er nicht gerade aus. Er war in der Tat sehr dürftig gekleidet, aber während dieser ersten Nachkriegsjahre war es wohl in Deutschland nicht so leicht, elegant gekleidet zu sein. Der sanftmütig Blickende stellte sich vor und fragte, ob er eine Option für Deutschland bekommen könnte. ›Von mir aus gern‹, sagte ich.« Friedrich Oetinger konnte jedoch nicht so gut Schwedisch lesen, wie er behauptet hatte, also nahm er das betreffende Buch am Abend mit zu seinem Freund und dieser las ihm die ersten drei Kapitel vor, und wenn nicht schon die erste Begegnung mit der Autorin seine Begeisterung ausgelöst hätte, diese Stegreifübersetzung entschied für ihn alles. Er reiste mit Pippi heim. So begann eine lebenslange Freundschaft, so wurde aus dem Wissenschaftsverleger Friedrich Oetinger ein Kinderbuchverleger, der sich auf skandinavische Kinder- und Jugendbuchliteratur spezialisierte und ihr mithilfe von Astrid Lindgren einen immer festeren und erfolgreicheren Platz in der deutschen Nachkriegsliteratur einräumte; und so begann die deutsche Karriere der schwedischen Autorin.

(Aus: Sybil Gräfin Schönfeldt: Astrid Lindgren. Reinbek bei Hamburg: Rowohlt 1987)

Sybil Gräfin Schönfeldt, Jahrgang 1927, studierte Germanistik, Kunstgeschichte und Englisch und arbeitete als freie Journalistin, Schriftstellerin und Übersetzerin für Zeitungen, Zeitschriften, Buchverlage, Funk und Fernsehen. Sie hat zahlreiche Bücher veröffentlicht und war mit Astrid Lindgren befreundet.

Monika Osberghaus

Pippi verabreicht ein Lebenselixier

*Warum »Pippi Langstrumpf« zu
den 50 besten Kinderbüchern gehört*

»Pippi Langstrumpf« war Astrid Lindgrens erstes Buch, und es schlug ein wie eine Bombe. Hier lebt ein Kind ganz auf sich gestellt, ohne Eltern, ohne Autoritäten, und es kommt prima zurecht, mehr noch: Es ist das Super-Kind. Wie langweilig ist dagegen der Alltag von Thomas und Annika, die nebenan in einer ganz normalen Familie leben! Pippis Kindheit scheint eindeutig die bessere zu sein – was woanders eine Katastrophe bedeutet, ist hier das Glück. Ein Glück, das mit solcher Wucht und Vehemenz beschworen wird, als müsste die Autorin sich selbst und alle Kinder, die von ihm betroffen sind, erst davon überzeugen.

Das Manuskript der »Pippi«-Urfassung war ein Geburtstagsgeschenk für Astrid Lindgrens Tochter Karin, die von Anfang an in einer kompletten Familie aufwuchs. Vielleicht lässt es sich

Illustration von Katrin Engelking

aber auch als ein nachträglicher Wiedergutmachungsversuch ihrem erstgeborenen Sohn gegenüber verstehen, der die ersten Jahre seines Lebens ohne Eltern auskommen musste. Du wirst reich belohnt für das Alleine- und Tapfersein, sagt ihm dieses Buch: Du hast Geld im Überfluss, du bis so stark wie sonst keiner, du brauchst niemandem zu gehorchen und darfst dich über alle Leute lustig machen, vor denen andere Kinder kuschen müssen, du darfst Süßigkeiten essen, so viel du willst, ins Bett gehen, wann du willst, du hast die beiden interessantesten Tiere, die Kinder sich wünschen können, und du brauchst nicht in die Schule zu gehen und nie Hausaufgaben zu machen. Und alle anderen Kinder finden dich toll.

Pippi, das Super-Kind?
Dieses wunderbare Leben als alleinstehendes Super-Kind wird uns mit Pippi in einer Drastik vorgeführt, in der auch Verzweiflung steckt. Astrid Lindgren treibt mit ihr die beiden Seiten ihres Schreibens – das ausgelassene, freche Glücksgefühl einerseits und die Einsamkeit und Melancholie andererseits – auf die Spitze, während sie sie in den späteren Werken auseinanderdriften lässt. Mit Pippi schaukeln sie sich gegenseitig hoch. Pippi übertreibt fast alles, was sie macht; statt zu gehen, läuft sie rückwärts oder auf den Händen, statt normal zu sprechen schreit und kräht sie laut herum. Sie ist eine wandelnde Beschwörung – seht her, es geht fantastisch ohne Eltern, scheint sie immerzu zu schreien, und schon auf der zweiten Seite ihrer Geschichte beruhigt und entlastet sie auch ihre abwesende Mutter. »Hab keine Angst! Ich komm immer zurecht!«, winkt sie nach oben zum Himmel. So überzeugend tut sie das alles, dass die Literaturforschung ihr bescheinigt hat, den Nachbarskindern im Buch sowie den Kindern, die von ihr lesen, überhaupt erst zu einem »coming out als Kind« zu verhelfen. Aus-

gerechnet ein Mädchen, dem die Basis des Kind-sein-Dürfens fehlt, ein fürsorgliches Zuhause, soll den anderen vormachen können, was es bedeutet, ein Kind zu sein.

Ganz allein auf der Welt

Wenn sie nun tatsächlich genau das tut, dann nicht aus den Gründen, die seit fast sechzig Jahren immer begeistert angeführt werden, je nachdem, was gesellschaftlich gerade angesagt war. Natürlich ist sie ein großartiges Rollenvorbild für aufmüpfige Mädchen und solche, die es werden sollen, und sie eignet sich auch hervorragend als Heldin der antiautoritären Erziehung. Die »Pippi«-Lektüre hat auf diesen Gebieten starke Wirkungen, vergleichbar mit denen von guten Vitaminspritzen. Wenn aber die Kinder auf der ganzen Welt seit Jahrzehnten von dieser Pippi tief beeindruckt werden, dann deswegen, weil sie ein Lebenselixier verabreicht. Von ihr zu lesen bedeutet, die Angst vor der Einsamkeit in den Griff zu bekommen. Denn das ist eine Erkenntnis, zu der jedes Kind einmal kommt, und meistens früher, als die Erwachsenen denken: Wir müssen letztlich alle ohne Eltern zurechtkommen. Der schlimme Gedanke »Ich bin ganz allein auf der Welt« gehört zum Kindsein dazu. Es ist eigentlich eine Katastrophe. Aber Pippi Langstrumpf, die einsame, drastische, exzentrische Pippi, hilft wenigstens, die Sache mit Humor zu nehmen.

Monika Osberghaus ist gelernte Buchhändlerin, studierte Germanistik und Skandinavistik und war zehn Jahre lang zuständig für die Kinderbuchseiten der FAZ. Ihre Würdigung von Pippi Langstrumpf ist ein Ausschnitt aus dem gleichnamigen Kapitel aus: Monika Osberghaus, Was soll ich denn lesen? 50 beste Kinderbücher, 2003 Deutscher Taschenbuch Verlag, München, © Carl Hanser Verlag, München

Karin Nyman

Das erste Buch über Pippi Langstrumpf

Astrid Lindgrens Tochter Karin Nyman über die Entstehung der »Ur-Pippi«

Die »Ur-Pippi« ist Astrid Lindgrens erstes Buch über Pippi Langstrumpf. Die mit der Maschine geschriebenen Blätter hat meine Mutter mir zu meinem zehnten Geburtstag geschenkt. Aber damals wusste ich schon fast alles über Pippi, denn von ihr hat sie mir erzählt, seit ich sieben Jahre alt war. Ich hatte lange mit einer Lungenentzündung im Bett gelegen, und jeden Abend quälte ich meine Mama, sie solle bei mir sitzen und mir etwas erzählen. »Erzähl mir mehr!«, bat ich. Entnervt fragte sie schließlich: »Aber was soll ich dir noch erzählen?« »Erzähl mir von Pippi Langstrumpf!«, sagte ich blitzschnell. Offenbar war nicht mehr als dieser spontan erfundene Name nötig, um sie zu einer ganz neuen Geschichte über eine ganz neue merkwürdige Heldin zu inspirieren – ein neun Jahre altes Mädchen, das so stark war, dass es ein Pferd heben konnte.

Und erzählen musste sie! Mir und meinen Cousinen und Cousins und allen Kindern, die wir kannten. Diese total respektlose Pippi Langstrumpf, die immer über die blöden Erwachsenen siegte und Tabus brach, wo sie nur ging und stand, war atemberaubend lustig. Eine Cousine erinnert sich besonders

1948. Astrid mit Tochter Karin

daran, wie unerhört es war, dass Pippi in der Kirche von Bank zu Bank sprang und auch noch fragte, was denn die Kanzel für ein »Nistkasten« sei. Über all das Unerhörte konnten wir befreit lachen.

Ist daraus zu schließen, dass ich mich wahnsinnig über das Geschenk zu diesem Geburtstag 1944 gefreut habe? Ich glaube es, aber ich kann mich nicht erinnern. Es könnte durchaus auch zwiespältige Gefühle ausgelöst haben, dass ich Pippi auf diese Weise niedergeschrieben und in einem Buch eingesperrt bekam. Ich wollte doch, dass sie ewig weiterleben sollte. Ich wollte doch, dass neue Geschichten von ihr erzählt werden sollten.

Karin Nyman, geboren 1934, ist die Tochter von Astrid und Sture Lindgren. Sie gilt als die eigentliche Erfinderin von »Pippi Langstrumpf«, weil sie ihre Mutter aufforderte, eine Geschichte von einem Mädchen mit genau diesem Namen zu erfinden.

Aus dem Vorwort zu: Astrid Lindgren, »Ur-Pippi«

Die erste Textseite der »Ur-Pippi«

Ulla Lundqvist

Liebe kleine, karierte Kinder!

Aus dem Kommentar zur »Ur-Pippi«

Dem Leser, der mit Pippi Langstrumpf vertraut ist, fällt sofort der Unterschied im Tonfall zwischen »Ur-Pippi« und der überarbeiteten gedruckten Version auf, die im Jahr 1945 die schwedischen Kinderzimmer eroberte. Selbst als Pippi fünfzig und sechzig wurde, ertönten Stimmen, die vor dieser kleinen Freibeuterin warnten, und vermutlich werden auch in Zukunft zurechtweisende Zeigefinger erhoben. Dabei ist die Buch-Pippi geradezu mild im Vergleich mit der Pippi im Manuskript!

»Liebe kleine, karierte Kinder!«, sagt sie zu Tommy und Annika. Nirgends in der gedruckten Pippi-Trilogie kommt diese Anrede vor. Pippi markiert mit ihrer Begrüßung einen Abstand zu ihren zukünftigen Freunden: Der Ausdruck markiert deutlich die Ungleichheit zwischen ihr und ihnen, und außerdem ist eine Spur Herablassung darin enthalten. Man beachte auch die Wiederholung: »Esst jetzt, ihr kleinen, karierten Kinder!«

In einem anderen Abschnitt sind die karierten Kinder »liebe« Kinder geworden – auch das mit einer Art Distanzmarkierung zwischen ihnen und Pippi. Es handelt sich um das Schulkapitel. In der Ur-Pippi wird es mit den Worten »Tommy und Annika, die lieben kleinen Kinder, gingen natürlich in die Schule« eingeleitet. Im veröffentlichten Buch fehlt der Einschub. Sicher hat auch Astrid Lindgren den Anflug von Distanz im Wort »liebe« empfunden.

Ulla Lundqvist, 1938 in Helsingborg geboren, promovierte 1979 mit einer Arbeit über Rezeption und Übersetzung der Geschichten von Pippi Langstrumpf. Sie gehört zur Jury des Astrid Lindgren Memorial Award ALMA.

Die »Ur-Pippi« ist die ursprüngliche, zunächst abgelehnte Fassung des bekanntesten Kinderbuchs der Welt. Der Text, bislang im Archiv der Königlichen Bibliothek in Stockholm verwahrt, wird im Jubiläumsjahr erstmals den Lesern zugänglich gemacht.

Neu

Astrid Lindgren
Ur-Pippi
Mit einem Kommentar von Ulla Lundqvist
Aus dem Schwedischen von Angelika Kutsch
und Cäcilie Heinig
Ca. 160 Seiten
ISBN 978-3-7891-4159-1
Erscheinungstermin: August 2007

Ich gestatte mir, beiliegend ein Kinderbuchmanuskript zu übersenden, dessen Rücksendung ich voller Zuversicht demnächst erwarte. Pippi Langstrumpf ist, wie Sie feststellen werden, falls Sie sich die Mühe machen, das Manuskript zu lesen, ein kleiner Übermensch in kindlicher Gestalt, angesiedelt in einem ganz normalen Umfeld. Um mich zu überzeugen, wie es sich mit meinem Manuskript verhält, lege ich es hiermit in Ihre sachkundigen Hände und kann nur hoffen, dass Sie nicht das Jugendamt alarmieren. Hochachtungsvoll Astrid Lindgren«

(Brief Astrid Lindgrens an den schwedischen Verlag Bonniers, 1944)

Für Kinder über 14 Jahren

Eine »Pippi-Langstrumpf«-Besprechung von 1949

Dieses Buch erfüllt in hohem Maße die Forderungen, die wir an ein gutes Kinderbuch stellen. Es ist voller bunter Einfälle, von verblüffender Komik, dabei spannend, trotz aller Fantasie sehr sauber motiviert und mit großer Lebendigkeit erzählt. »Pippi Langstrumpf« sprengt nicht nur den Rahmen des althergebrachten, sondern auch den des modernen Jugendbuches.

Dieses »unmögliche« kleine Mädchen ist eine Fantasiegestalt. Diese Feststellung zwingt aber gleichzeitig zur Kritik. Kinder werden Pippi Langstrumpf als ihresgleichen nehmen, werden nicht entscheiden können, wo die Wirklichkeit aufhört und die Fantasie beginnt. Sie werden – vielleicht – im Walde auch erst einmal alle Pilze anknabbern, um festzustellen, ob sie giftig sind – wie Pippi –, oder Geschirr auf Steinböden werfen, um zu sehen, ob es auch gut gebrannt ist, oder wie Pippi die Meinung vertreten, dass die Schule völlig unnötig sei. So führt gerade das Fehlen alles Moralisierenden, das anfänglich so begeistert, dazu, das Buch für unsere Arbeit abzulehnen ... Die Grenzen von Fantasie und Wirklichkeit werden so verwischt, dass Kinder verwirrt werden müssen.

Es macht traurig, das Buch für eine verantwortungsvolle Arbeit ablehnen und es Kindern bis etwa zum 14. Lebensjahr vorenthalten zu müssen, für die es recht eigentlich gedacht ist. Doch sollten wir uns nicht scheuen, »Pippi Langstrumpf« in die Jugendlichenabteilungen einzustellen, des köstlichen Humors wegen, der auch Kinder über 14 Jahre noch anspricht.

Aus: Bücherei und Bildung 2, 1949/1950

PIPPI LANGSTRUMPF

Hinreißend frech und fröhlich: die neue »Pippi Langstrumpf«

Weltpremiere zum Jubiläumsjahr: »Pippi Langstrumpf« mit farbigen Bildern von Katrin Engelking

Rote Haare, widerspenstige Zöpfe, ein gelb-schwarzgestreifter und ein rein schwarzer Strumpf, Sommersprossen auf der Nase und immer ein Strahlen im Gesicht: Das ist unverkennbar Pippi Langstrumpf! Katrin Engelking hat die Geschichten von der berühmtesten Kinderbuchfigur Astrid Lindgrens mit so viel Temperament und Liebe in farbige Bilder umgesetzt, dass die Abenteuer des stärksten Mädchens der Welt funkelnagelneu wirken: ein Fest für Pippi-Fans aller Altersstufen und eine Entdeckung vor allem für Kinder im Vorlesealter. Denn erstmals

Katrin Engelking beschäftigte sich bereits in ihrer Diplomarbeit mit Pippi.

© Fotograf

Katrin Engelking bei der Arbeit an den »Pippi Langstrumpf«-Illustrationen – mit ihrem Sohn Jakob.

ASTRID LINDGREN. Lesebuch zum 100. Geburtstag

PIPPI LANGSTRUMPF

gibt es jetzt Pippi-Bücher mit so vielen Bildern, das allein das Blättern und Anschauen schon ein Genuss ist.

Katrin Engelking feierte ihr Pippi-Debüt bereits vor drei Jahren, als sie die Bilder für die Bilderbuchausgabe der Erzählung »Pippi Langstrumpf feiert Weihnachten« malte. Dort entstand erstmals die koboldartige, unternehmungslustige Pippi, die vertraut und doch ganz anders ist. Farbkräftig und selbstbewusst tanzt sie von nun an auch durch die Kinderbücher und gibt ihnen neuen und frischen Charakter.

PIPPI LANGSTRUMPF

Immer in Bewegung: Skizzen und fertige Bilder von Pippi Langstrumpf

Astrid Lindgren
Pippi Langstrumpf
Mit farbigen Bildern
von Katrin Engelking
Aus dem Schwedischen
von Cäcilie Heinig
144 Seiten/Ab 8
ISBN 978-3-7891-4161-4

Astrid Lindgren
*Pippi Langstrumpf
geht an Bord*
Mit farbigen Bildern
von Katrin Engelking
Aus dem Schwedischen
von Cäcilie Heinig
Ca. 144 Seiten/Ab 8
ISBN 978-3-7891-4163-8
Erscheinungstermin: August 2007

*Der dritte Band »Pippi in
Taka-Tuka-Land« erscheint
im Februar 2008.*

DIE LINDGREN-ILLUSTRATOREN

Jeder weiß, wie Michel aussieht!

*Ohne sie wäre es nur halb so schön:
die wichtigsten Lindgren-Illustratoren*

Jeder verbindet sofort ein Bild mit Michel, Pippi, Madita oder Karlsson – aber wer steht eigentlich hinter diesen Bildern? Das Oetinger Lesebuch stellt die wichtigsten Illustratoren vor – und lädt dazu ein, ihre jeweils ganz spezielle Lindgren-Welt zu entdecken!

Ilon Wikland, eine der bekanntesten Kinderbuch-Illustratorinnen Schwedens, ist die Lindgren-Illustratorin schlechthin. Sie hat den Kindern von Bullerbü, Madita, Ronja, Lotta und ihren Geschwistern sowie den Märchenfiguren Gesicht gegeben und die spielerische Idylle der Kinderwelt von Astrid Lindgren in Bildern neu erschaffen. Ilon Wikland wurde 1930 in Estland geboren, kam während des Zweiten Weltkrieges nach Schweden und wurde für ihr Werk u. a. mit dem Elsa-Beskow-Preis und dem Kulturpreis der estnischen Vertretung in Stockholm ausgezeichnet.

ASTRID LINDGREN. Lesebuch zum 100. Geburtstag

Mit ihrem eigenwilligen Stil war sie aus heutiger Sicht ihrer Zeit weit voraus: **Ingrid Vang Nyman**, die die schwedischen Erstausgaben der drei »Pippi Langstrumpf«-Bände illustrierte sowie die Bilderbücher vom stärksten Mädchen der Welt. Die Künstlerin wurde 1916 in Dänemark geboren, studierte in Kopenhagen und arbeitete seit 1943 als Kinderbuchillustratorin in Schweden. Ingrid Vang Nyman starb 1959 im Alter von 43 Jahren.

Illustrationen von Ingrid Vang Nyman

Er hat den Michel erfunden: **Björn Berg**, der 1923 als Kind schwedischer Eltern in Bayern geboren wurde. Der Illustrator wuchs in New York auf, studierte u. a. in Paris und begann 1952 für die schwedische Tageszeitung »Dagens Nyheter« zu zeichnen. 1971 wurde er mit dem Elsa-Beskow-Preis ausgezeichnet.

© Fotograf

Illustrationen von Björn Berg

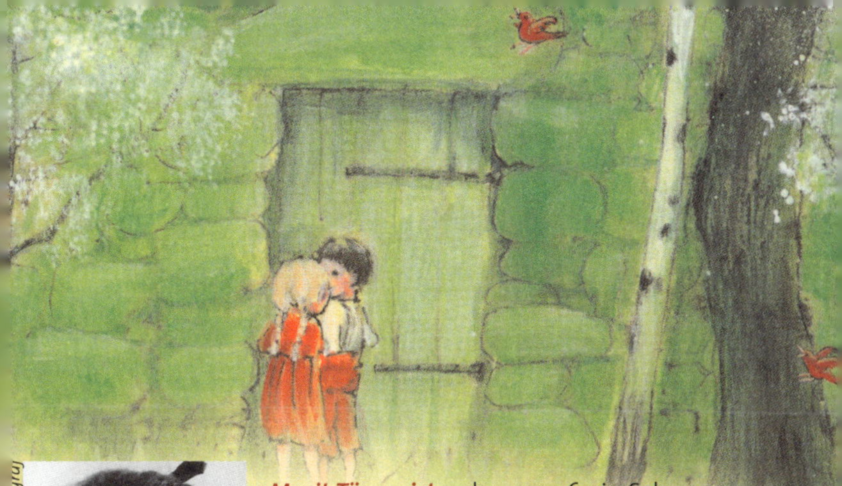

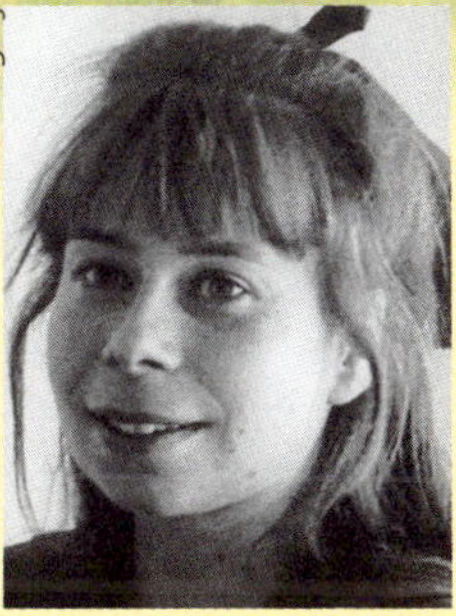

Marit Törnqvist, geboren 1964 in Schweden, lebt und arbeitet in Amsterdam. Sie gestaltete den Lindgren-Bereich im Stockholmer Erlebnispark »Junibacken« und verlieh den Geschichten »Als Adam Engelbrecht so richtig wütend wurde« und »Sonnenau« mit ihren malerischen, atmosphärisch dichten Bildern einen ganz eigenen Zauber.

Illustration von Marit Törnqvist

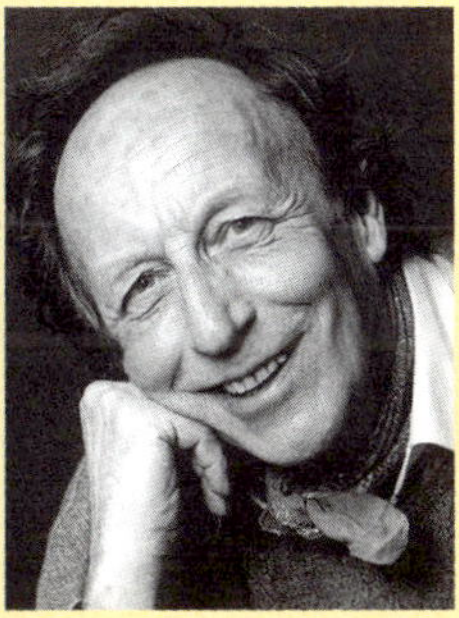

Rolf Rettich erneuerte Pippi Langstrumpf zum ersten Mal: Er illustrierte die deutsche Gesamtausgabe und Bilderbücher im unverkennbaren Rettich-Stil: fröhlich, verspielt und voller liebevoller Details. Der 1929 in Erfurt geborene Künstler wurde gemeinsam mit seiner Frau Margret Rettich u. a. mit dem Großen Preis der Akademie für Kinder- und Jugendliteratur Volkach e.V. ausgezeichnet.

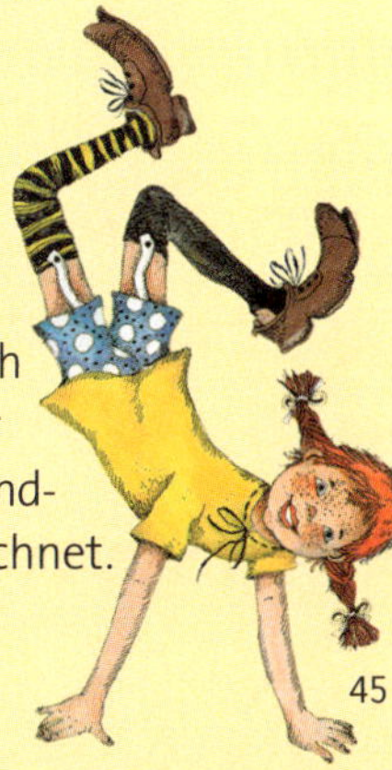

Illustration von Rolf Rettich

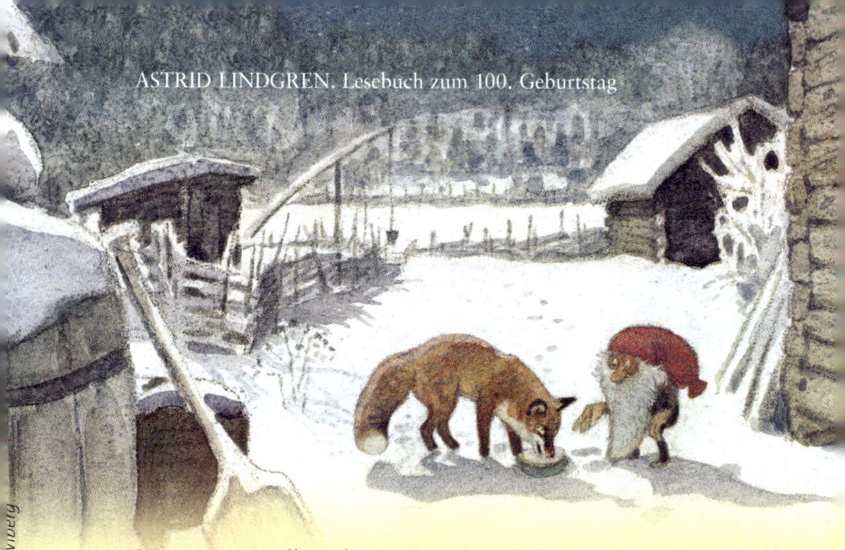

Illustration von Harald Wiberg

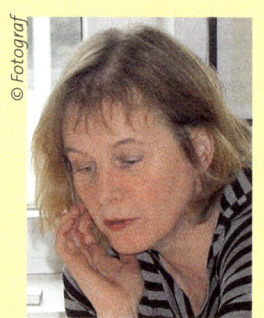

Stimmungsvoll und verträumt sind die Landschaften, die der schwedische Illustrator ***Harald Wiberg*** (1908–1986) für die mehrfach ausgezeichneten Bilderbücher »Tomte Tummetott«, »Tomte und der Fuchs« und »Weihnachten im Stall« schuf. Der Autodidakt arbeitete zunächst als Plakatmaler in einer Fabrik, bevor er begann Kinderbücher zu illustrieren.

© Fotograf

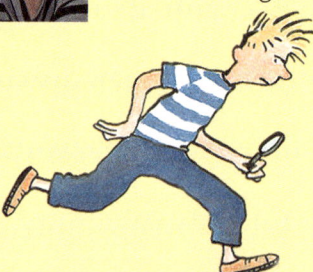

Immer hellwach: Kalle Blomquist auf Verbrechersuche – gezeichnet von ***Jutta Bauer***. Die 1955 in Hamburg geborene Künstlerin wurde für ihre Illustrationen mehrfach ausgezeichnet, u. a. mit dem Troisdorfer Bilderbuchpreis und dem Deutschen Jugendliteraturpreis.

Illustration von Jutta Bauer

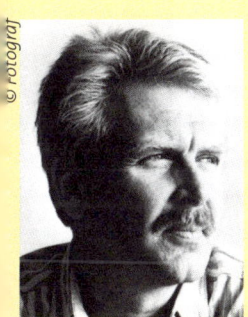

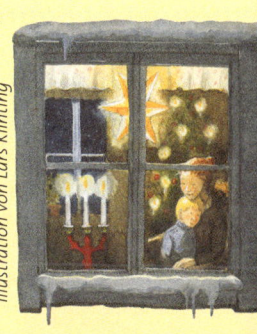

Weihnachten, wie es früher war: ***Lars Klinting***, (1948–2006) bekannt vor allem durch seine Bilderbücher von Kasimir, dem fleißigen Biber, illustrierte die Neuausgabe von »Weihnachten im Stall«.

Illustration von Lars Klinting

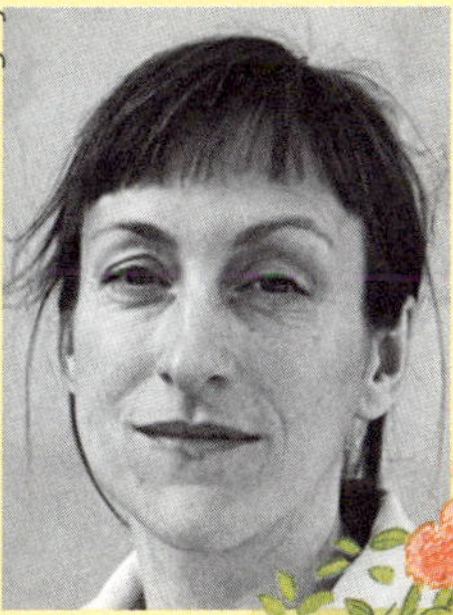

Ein moderner Strich für ein zauberhaftes Märchen: ***Pija Lindenbaum***, 1955 in Schweden geboren und als Illustratorin u. a. mit dem bedeutenden August-Strindberg-Preis ausgezeichnet, gestaltete das Bilderbuch »Die Puppe Mirabell«.

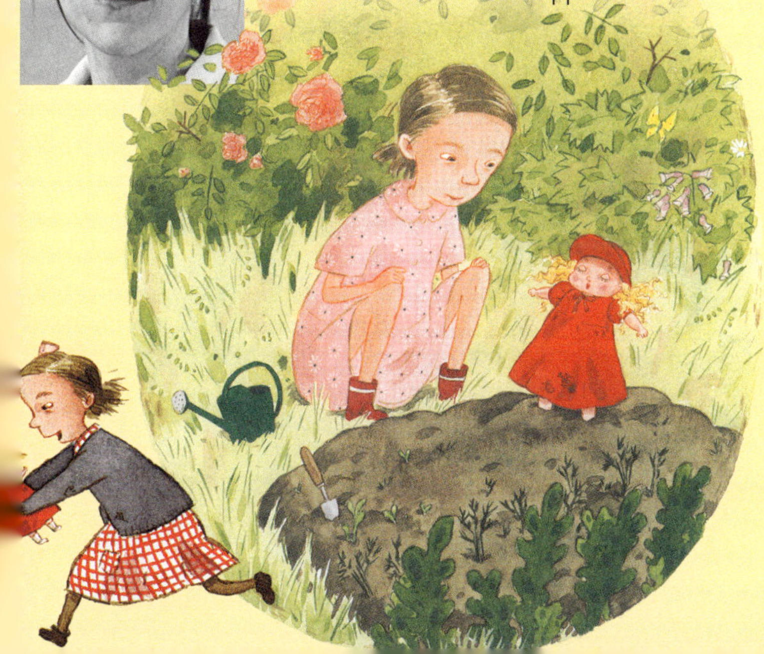

Illustrationen von Pija Lindenbaum

Walter Scharnweber (1910–1975) schuf mit den Titelbildern und den schwarzweißen Innenillustrationen der deutschen Erstausgaben der »Pippi Langstrumpf«-Bände die bekannten Ausgaben der Nachkriegszeit.

Katrin Engelking, geboren 1970 in Bückeburg, hat neben den neuen »Pippi Langstrumpf«-Büchern bereits die Geschichten »Kindertag in Bullerbü«, »Pelle zieht aus« und »Polly hilft der Großmutter« illustriert.

DIE LINDGREN-ILLUSTRATOREN

Die Illustrationen auf den vorherigen Seiten stammen aus folgenden Büchern:

Maren Gottschalk

»Schenkt den Kindern Liebe, mehr Liebe und noch mehr Liebe«

Astrid Lindgren und die Rechte der Kinder

Am 20. November 1989 verabschiedete die Vollversammlung der Vereinten Nationen die Konvention über die Rechte des Kindes. Darin wurden die Grundrechte von Kindern und Jugendlichen in 54 Artikeln festgeschrieben. Bis auf Somalia und die USA haben inzwischen alle Länder dieser Erde die Konvention unterzeichnet und sich damit verpflichtet, Kinderrechte zu respektieren und ihnen Geltung zu verschaffen. Neben den Grundrechten auf Leben, einen eigenen Namen, auf Staatsangehörigkeit und Familie bilden Versorgungsrechte, Schutzrechte und Partizipationsrechte die Schwerpunkte der Kinderrechtskonvention. Besonders wichtig ist auch Artikel 42: Er fordert, dass die Unterzeichnerstaaten das Abkommen weltweit bekannt machen sollen. Auch die Kinder selbst müssen sie über ihre Rechte aufklären. Daher gibt es in vielen Ländern Bündnisse von Kinderhilfsorganisationen und Wohlfahrtsverbänden, die sich mit Broschüren, Unterrichtsmaterialien, Wettbewerben und vielen anderen Aktionen darum bemühen, Kindern und Erwachsenen nahezubringen, was Kinderrechte eigentlich sind.

Was hat das alles mit Astrid Lindgren zu tun? Zu dem Zeitpunkt, als die Kinderrechtskonvention unterzeichnet wurde, war sie bereits 82 Jahre alt und betrachtete ihr Lebenswerk als vollendet. Doch war ihr Anliegen vom ersten Kinderbuch an genau das: die Rechte der Kinder. Lange bevor die UNO sich des Themas angenommen hat, Jahre bevor Kinderschützer sich die Kinder

ASTRID LINDGREN UND DIE KINDERRECHTE

rechte auf die Fahnen schrieben, hat Astrid Lindgren davon erzählt, wie es sich anfühlt, Kind zu sein. Wovon träumen Kinder? Was brauchen sie, was vermissen sie? Was bedeuten Glück, Freiheit, Einsamkeit, Schmerz und Angst aus der Sicht eines Kindes? Astrid Lindgren konnte all dies in Worte und Geschichten fassen, und daher lieben Kinder und Erwachsene ihre Bücher bis heute. Ihr ging es nicht darum, Theorien aufzustellen. Ihre Leser erfassen die Kinderrechte nicht mit dem Verstand, sondern mit dem Herzen und der Seele.

Astrid Lindgrens Figuren leben Kinderrechte vor

Pippi Langstrumpf zum Beispiel eignet sich ihre Rechte ganz selbstverständlich an. Warum will man sie in ein Kinderheim stecken? Die Villa Kunterbunt ist ihr Kinderheim, dort ist sie zu Hause. Wenn sie auch keine Eltern mehr hat, will sie doch dort leben, wo ihre Freunde sind. Pippi Langstrumpf zeigt auf überdeutliche Weise, was es heißt, Kinderrechte ernst zu nehmen. Mehr noch: Sie hinterfragt die Umsetzung der Kinderrechte mit verschmitztem Lächeln. Kinder haben ein Recht auf Bildung? Ja, aber was heißt Bildung? Was lernen sie in der Schule und was brauchen sie davon wirklich im Leben? Thomas und Annika ler-

Illustrationen auf den Seiten 51 + 53 von Katrin Engelking

nen von Pippi wichtigere Dinge als »Plutimikation«: Güte, Fürsorglichkeit und Solidarität. Es sind die Erwachsenen, die das nicht verstehen, die Leute von der Fürsorge und die dummen Polizisten.

Aber Pippi ist nicht die einzige Figur bei Astrid Lindgren, die uns die Kinderrechte vorlebt. In jedem Buch von ihr steckt etwas von diesen Ideen. Es kann ja gar nicht anders sein, denn wer, wie Astrid Lindgren, Kinder ernst nimmt, muss ihre Rechte verstehen. Kinder brauchen Platz zum Spielen, das ist die Botschaft aus Bullerbü und aus der Krachmacherstraße. Kinder brauchen Freunde, lernen wir von Nils Karlsson-Däumling. Kinder haben ein Recht auf ihr Privatleben und Eltern müssen nicht immer alles kontrollieren, erfahren wir von Kalle Blomquist und seiner Bande. Kinder müssen ihren eigenen Weg in die Selbstständigkeit gehen dürfen, so lehrt es uns Ronja Räubertochter, auch wenn ihr Vater darüber bittere Tränen weint.

Als Astrid Lindgren 1978 den Friedenspreis des Deutschen Buchhandels erhielt, bedankte sie sich mit ihrer bewegenden Rede »Niemals Gewalt«, die bis heute ihre Kraft nicht verloren hat. Auch der Protest, das klare, unverblümte »Nein« ist ein Kinderrecht. Wir kennen es von Madita, die nicht schweigen kann, wenn die Schulkameradin verprügelt wird, wir kennen es von Pippi, von Ronja und von Jonathan Löwenherz, der sich aufs Pferd schwingt, um das Böse zu bekämpfen, »weil man sonst kein Mensch ist, sondern nur ein Häuflein Dreck«. Kinder haben auch das Recht auf Trost, und niemand hat dafür so schöne Bilder gefunden wie Astrid Lindgren in ihrem Buch »Die Brüder Löwenherz«.

Ein Kind weiß, was ihm guttut
Wieso wusste Astrid Lindgren so genau, was Kinder im Leben unbedingt brauchen? Weil sie ihre eigene Kindheit ganz unver

ASTRID LINDGREN UND DIE KINDERRECHTE

sehrt bewahrt hat, eine Kindheit voller Liebe und Geborgenheit, mit hellen und dunklen Flecken, mit Freiheiten, Pflichten und Verboten.

Als Astrid Lindgren selbst Kinder hatte, merkte sie bald, dass die Gesellschaft, vor allem die Lehrer, sich in ihre Erziehung einmischen wollten. Ihnen ging es darum, Kinder einzuschüchtern, um sie gefügig zu machen. Das konnte Astrid Lindgren nicht akzeptieren, ja, es machte sie richtig wütend. Von dieser Empörung schwingt noch etwas mit in ihrem ersten Kinderbuch über Pippi Langstrumpf, ein Mädchen, das alles anders machen durfte als ein »braves« Kind. Zwischen Pippi Langstrumpf und Ronja Räubertochter, Astrid Lindgrens letztem Kinderroman, liegen fast vierzig Jahre, doch die Idee ist dieselbe: Auch ein Kind hat schon ein gutes Gefühl dafür, was ihm guttut. Und egal, ob es in einem windschiefen Haus lebt oder im Wald: Es hat dieselben Rechte.

Maren Gottschalk, geboren 1962, studierte Geschichte und Politik, promovierte in Mittelalterlicher Geschichte und arbeitet als freischaffende Autorin und Journalistin u. a. für den WDR. 2006 veröffentlichte sie die Biografie »Jenseits von Bullerbü. Die Lebensgeschichte der Astrid Lindgren« (Beltz & Gelberg).

Friedenspreis des Deutschen Buchhandels für Astrid Lindgren – überreicht vom damaligen Vorsteher des Börsenvereins, Rolf Keller

Astrid Lindgren

Niemals Gewalt!

Aus Astrid Lindgrens berühmter Rede anlässlich der Verleihung des Friedenspreises des Deutschen Buchhandels 1978

Wohl erst in unserem Jahrhundert haben Eltern damit begonnen, ihre Kinder als ihresgleichen zu betrachten und ihnen das Recht einzuräumen, ihre Persönlichkeit in einer Familiendemokratie ohne Unterdrückung und ohne Gewalt frei zu entwickeln Muss man da nicht verzweifeln, wenn jetzt plötzlich Stimmen laut werden, die die Rückkehr zu dem alten autoritären System fordern? Denn genau das geschieht zurzeit mancherorts in der Welt. Man ruft jetzt wieder nach »härterer Zucht«, nach »strafferen Zügeln« und glaubt, dadurch alle jugendlichen Unarten unterbinden zu können, die angeblich auf zu viel Freiheit und zu wenig Strenge in der Erziehung beruhen. Das aber hieße der Teufel mit dem Beelzebub austreiben und führt auf die Dauer nur zu noch mehr Gewalt und zu einer tieferen und gefährlicheren Kluft zwischen den Generationen. Möglicherweise könnte diese erwünschte »härtere Zucht« eine äußerliche Wirkung erzielen, die die Befürworter dann als Besserung deuten würden Freilich nur so lange, bis auch sie allmählich zu der Erkenntnis gezwungen werden, dass Gewalt immer wieder nur Gewalt erzeugt – so wie es von jeher gewesen ist.

Nun mögen sich viele Eltern beunruhigt durch diese neuen Signale fragen, ob sie bisher etwas falsch gemacht haben. Ob eine freie Erziehung, in der die Erwachsenen es nicht für selbstverständlich halten, dass sie das Recht haben zu befehlen und die Kinder die Pflicht haben sich zu fügen, womöglich nicht doch falsch oder gefährlich sei.

Freie und unautoritäre Erziehung bedeutet nicht, dass man die Kinder sich selber überlässt, dass sie tun und lassen dürfen, was sie wollen. Es bedeutet nicht, dass sie ohne Normen aufwachsen sollen, was sie selber übrigens gar nicht wünschen. Verhaltensnormen brauchen wir alle, Kinder und Erwachsene, und durch das Beispiel ihrer Eltern lernen die Kinder mehr als durch irgendwelche anderen Methoden. Ganz gewiss sollen Kinder Achtung vor ihren Eltern haben, aber ganz gewiss sollen auch Eltern Achtung vor ihren Kindern haben, und niemals dürfen sie ihre natürliche Überlegenheit missbrauchen. Liebevolle Achtung voreinander, das möchte man allen Eltern und allen Kindern wünschen.

Steine auf dem Küchenbord

Jenen aber, die jetzt so vernehmlich nach härterer Zucht und strafferen Zügeln rufen, möchte ich das erzählen, was mir einmal eine alte Dame berichtet hat. Sie war eine junge Mutter zu der Zeit, als man noch an diesen Bibelspruch glaubte, dieses »Wer die Rute schont, verdirbt den Knaben«. Im Grunde ihres Herzens glaubte sie wohl gar nicht daran, aber eines Tages hatte ihr kleiner Sohn etwas getan, wofür er ihrer Meinung nach eine Tracht Prügel verdient hatte, die erste in seinem Leben. Sie trug ihm auf, in den Garten zu gehen und selber nach einem Stock zu suchen, den er ihr dann bringen sollte. Der kleine Junge ging und blieb lange fort. Schließlich kam er weinend zurück und sagte: »Ich habe keinen Stock finden können, aber hier hast du einen Stein, den kannst du ja nach mir werfen.« Da aber fing auch die Mutter an zu weinen, denn plötzlich sah sie alles mit den Augen des Kindes. Das Kind muss gedacht haben, »meine Mutter will mir wirklich wehtun, und das kann sie ja auch mit einem Stein«. Sie nahm ihren kleinen Sohn in die Arme, und beide weinten eine Weile gemeinsam. Dann legte sie den Stein auf ein Bord in der Küche, und dort blieb er liegen als ständige Mahnung an das Versprechen, das sie sich in dieser Stunde selber gegeben hatte: »NIEMALS GEWALT!«

Ein Beitrag zum Frieden in der Welt
Ja, aber wenn wir unsere Kinder ohne Gewalt und ohne irgend welche straffen Zügel erziehen, entsteht dadurch schon ein neues Menschengeschlecht, das in ewigem Frieden lebt? Etwas so Einfältiges kann sich wohl nur ein Kinderbuchautor erhoffen. Ich weiß, dass es eine Utopie ist. Und ganz gewiss gibt es in unserer armen, kranken Welt noch sehr viel anderes, dass gleichfalls geändert werden muss, soll es Frieden geben. Aber in dieser unserer Gegenwart gibt es – selbst ohne Krieg – so unfassbar viel Grausamkeit, Gewalt und Unterdrückung auf Erden, und das bleibt den Kindern keineswegs verborgen. Sie sehen und hören und lesen es täglich, und schließlich glauben sie gar, Gewalt sei ein natürlicher Zustand. Müssen wir ihnen dann nicht wenigstens daheim durch unser Beispiel zeigen, dass es eine andere Art zu leben gibt? Vielleicht wäre es gut, wenn wir alle einen kleinen Stein auf das Küchenbord legten als Mahnung für uns und für die Kinder: NIEMALS GEWALT! Es könnte trotz allem mit der Zeit ein winziger Beitrag sein zum Frieden in der Welt.

*Der vollständige Text der Rede ist im Internet als Download verfügbar unter **www.astrid-lindgren.de** und **www.oetinger.de** sowie als Kalligrafie im Format 70 x 100 cm erhältlich (ISBN 978-3-7891-0015-4).*

»Na, ich werde dir mal erzählen, wie es wirklich war«, sagt der Kleine. »Zuerst drückte der Prinz den Apfel in das Mondgesicht des Zauberers. Und dann nahm der Zauberer den Teppich und drückte ihn an die Stirn des Prinzen und sagte: »Flieg, flieg in ein fernes Land!« Und dann setzte sich der Prinz auf den Apfel und flog nach Södertälje. Und dann kam der Teppich auf dem Zauberer angeritten, der so mager war, dass man wieder gesund wurde, wenn man nur an ihm roch. Und der König, der durch dein Getrödel bereits gestorben war, drückte den Zauberer an die Brust des Prinzen und da aß der Teppich den Apfel auf und dann lebten sie glücklich, solange sie lebten.«

(aus: Große Schwester und kleiner Bruder,
in: Sammelaugust und andere Kinder)

MÄRCHEN

Vivi Edström

Astrid Lindgren als Schöpferin des modernen Märchens

Vielleicht kann nur jemand, der so respektlos mit dem Märchen umgeht, auch tief in es eindringen und es neu erschaffen. Für mich ist Astrid Lindgren eine große Erneuerin des Märchens. Sie hat unser modernes Märchen geschaffen. Ich sehe keinen Widerspruch darin, dass sie dennoch in der Tradition des Märchens verwurzelt ist. Astrid Lindgren macht uns das Märchen auf neue Weise bewusst. Immer kühner greift sie existenzielle Fragen auf: Leben und Tod, das Gute und Schöne und die Liebe. Was die Spannweite der Texte zwischen Abgrund und Himmelsfreude angeht, ähnelt sie Selma Lagerlöf, deren Erbe sie in vieler Hinsicht antritt.

Astrid Lindgrens Verhältnis zum Märchen ist vielseitig und interessant. Uns begegnet das Gute und Schöne im Märchen, doch auch seine dunkle und grausame Seite in einem risikoreichen Wechselspiel zwischen Fantasie und Wirklichkeit, wodurch das Märchen uns auch heute noch angeht. Denn immer handelt es sich um Geschichten.

Diesen Geschichten verleiht Astrid Lindgren eine neue Stimme. Sie gibt die schriftsprachliche Diktion auf und benutzt einen direkten mündlichen Tonfall, in größerem Umfang, als es in älteren Märchen üblich war. Zur Erneuerin wurde sie auch durch ihre Methode, uns für das Märchen zu sensibilisieren. Ihre Dichtung ist in Wahrheit eine Huldigung an das Märchen und dessen Macht, die magischen Augenblicke des Daseins und die ihm innewohnende Schönheit zu erfassen: die Nacht im Mai, wenn

Illustrationen von Marit Törnqvist

ASTRID LINDGREN. Lesebuch zum 100. Geburtstag

die Apfelblüten dem Garten ein phosphoreszierendes Leuchten verleihen, das ihn voller Erwartung sein lässt. Der Wintertag, wenn zwei frierende Kinder aus Sonnenau dem roten Vogel begegnen. Der schwindelerregende Morgen, als Krümel in die grünen Täler Nangijalas kommt, von der eigenen Fantasie in die Zeit der Lagerfeuer und Sagen entführt. Hier erklingt die Stimme des Märchens mit stärkerem poetischem Klang als je zuvor in unserer Literatur.

Der vorliegende Text ist ein Ausschnitt aus dem Vorwort von Vivi Edströms Buch »Astrid Lindgren und die Macht des Märchens«. Vivi Edström, emeritierte Professorin für Literatur, an der Universität Stockholm, war viele Jahre Präsidentin der Selma-Lagerlöf-Gesellschaft und wurde für ihre Untersuchung der Bedeutung der Märchen für Astrid Lindgrens Werk mit dem Rolando-Anzilotti-Preis der Carolo-Collodi-Stiftung, Italien, ausgezeichnet.

ISBN 978-3-7891-3402-9

ISBN 978-3-7891-3404-3

MÄRCHEN

Susanne Gaschke

Die Puppe Mirabell und andere Märchen von Astrid Lindgren

Illustration von Pija Lindenbaum

Astrid Lindgrens Figuren stehen für recht unterschiedliche Sichtweisen der Kindheit – und die Autorin nimmt in ihren Büchern zum Teil auseinanderstrebende Erzählpositionen ein: Durch die antiautoritär konzipierte Pippi und den anarchischen Karlsson spricht eine Erwachsene, die sich mit reformpädagogischen Diskussionen der Dreißiger- und Vierzigerjahre auseinandersetzt. In den Kindern aus Bullerbü und in Kalle Blomquist lebt das glückliche Kind wieder auf, das Astrid Lindgren selbst einmal war, am Anfang des 20. Jahrhunderts, auf dem Hof Näs bei Vimmerby in Småland, weit entfernt von den heraufziehenden Wirren und Unruhen in Europa.

Die Einsamkeit, die die 19-jährige Astrid Lindgren erlebte, als sie die Geborgenheit ihres Elternhauses verlassen hatte und sich allein in Stockholm durchschlagen musste (wo sie einmal in einer Leihbücherei in Tränen ausbrach, weil man ihr ohne Bibliotheksausweis keine Bücher für den langen leeren Sonntag überlassen wollte), haben einen dritten, eher sozialkritischen Strang ihres Schreibens motiviert, der sich mit den Härten des Kinderlebens auseinandersetzt: seinen Härten in der alten, schlechten Zeit der Armut im ländlichen Schweden, aber auch in den modernen Großstädten, wo die Eltern zwar zu essen für ihre Kinder beschaffen können, aber nicht mehr für sie da sind. Ein solches Kind ist zum Beispiel Bo Vilhelm Olsson, der sich

bei seinen Pflegeeltern ungeliebt und unverstanden fühlt. Bevor er sie nicht mehr aushält, die Sehnsucht und das Unglück, bringt ihn ein Flaschengeist ins Land der Ferne. »Ja, so ist es«, lauten die letzten Worte des Buches Mio, mein Mio. »Bo Vilhelm Olsson ist im Land der Ferne, und er hat es gut dort, bei seinem Vater, dem König.« Kinder akzeptieren ohne Weiteres, dass es zu dem schrecklichen Leben in Einsamkeit, Krankheit oder Armut eine Alternative geben muss: ein Land der Ferne, ein Kirschblütental. Erwachsene hingegen dürften die meisten von Lindgrens Anderwelten etwas beklommen betrachten: Ist Bo Vilhelm Olsson wirklich entkommen? Oder war das Land der Ferne ein tröstliches Traumbild, bevor die Verzweiflung den Jungen überwältigte?

Das lindgrensche Wunder
Eine solche Doppelstruktur, die kindliche Leser oder Zuhörer anders anspricht als Erwachsene, weisen die meisten Geschichten auf. Da ist Bertil, der den ganzen Tag allein zu Hause verbringt, während seine Eltern in der Fabrik arbeiten: »Er wartete so schrecklich, dass sie eigentlich schon an der Straßenlaterne hätten auftauchen müssen, nur weil er so darauf wartete.« Ein Novembernachmittag, es wird dunkel, es gibt keine anderen Kinder zum Spielen, und Bertils geliebte Schwester ist an einer Krankheit gestorben – als erwachsener Vorleser hält man die Traurigkeit der Situation nur mit Mühe aus.

MÄRCHEN

Doch dann geschieht das lindgrensche Wunder: In einer Höhle unter Bertils Bett lebt Nils Karlsson-Däumling, ein winziger Junge, der Bertils Freund wird. Bertil kann auf die passende Wichtelgröße schrumpfen, wenn er auf einen Nagel in der Wand drückt. Und wenn man so klein ist, lebt man im Überfluss: Da werden abgebrochene Streichhölzer zu Holzvorräten für den ganzen Winter, Puppenmöbel zu luxuriösen Einrichtungsgegenständen und Käsebrote und Fleischklopse zu einem gewaltigen Festessen. Bertils Eltern sind froh, ihren Sohn nach den langen einsamen Tagen abends wieder glücklich zu sehen. Er ist glücklich. Aber gibt es den Däumling? Und gibt es Mirabell, die zauberhafte Puppe, die Britta-Kajsa im Gemüsebeet aus einem Puppensamenkorn gezogen hat? Eine Puppe, die sprechen kann und essen und zu ihrer Puppenmama ins Bett klettern – aber natürlich nur, wenn keine Erwachsenen zuschauen? Oder ist Mirabell das Fantasieprodukt eines Kindes, dessen Eltern so arm sind, so bitterarm, dass sie nicht im Traum daran denken könnten, ihrer Tochter den Wunsch nach einer richtigen Puppe aus dem Spielzeugladen zu erfüllen? Und käme es darauf an?

Illustrationen auf den Seiten 62-64 von Ilon Wikland

Worte haben rettenden Kraft

Ein heiterer Ausflug in die Kindheit der eigenen Mutter sind Peters Abenteuer im Haus der Puppe Mimmi. Der Räuber Fiolito ist hinter Mimmis »Perlen von unschätzbarem Wert« her, und Peter verteidigt seine Freundin mannhaft, auch wenn er sich zu erinnern meint, dass seine Mutter die fraglichen Perlen früher einmal für wenige Öre im Spielwarengeschäft gekauft hat. Besonders schön: Die vierzig Räuberkumpane Fiolitos stapeln sich wiederholt übereinander, um ihrem Hauptmann den Einbruch in die oberen Stockwerke des Puppenhauses zu ermög-

lichen – und brechen unweigerlich bei dem Versuch zusammen.

In Erzählungen wie »Sonnenau« und »Klingt meine Linde«, die wegen ihres traurigen Stoffes erst für ältere Grundschulkinder geeignet sind, geht es um die Not in Schweden vor den Sozialreformen, die erst nach dem Zweiten Weltkrieg einen modernen Wohlfahrtsstaat schufen. Grausame, rücksichtslose Not, macht Lindgren klar: Und doch hilft auch gegen sie nicht Brot allein. Brot vor allem, ganz gewiss, aber auch Fantasie, die Möglichkeit einer besseren Welt. »Klingt meine Linde, singt meine Nachtigall«, diese Worte hört das Waisenkind Malin zufällig im Pfarrhaus: »Nie zuvor hatte sie gewusst, dass auch Worte schön sein können, und nun erfuhr sie es und sie sanken ihr in die Seele wie Morgentau auf eine Sommerwiese. Klingt meine Linde, singt meine Nachtigall? So lauteten die Worte und in ihrem Glanz schwanden alles Elend und aller Jammer des Armenhauses dahin. Warum es so war, wusste sie nicht, doch ein Segen war es, dass es so war.« Den Glauben an die rettende Kraft der Worte teilen wir mit Astrid Lindgren.

Susanne Gaschke, geboren 1967 in Kiel, promovierte 1993 über Kinderliteratur und arbeitet als Redakteurin bei der Wochenzeitung »DIE ZEIT«. Als Autorin hat sie mehrere Bücher vor allem zu gesellschaftspolitischen Themen veröffentlicht. Der vorliegende Text ist eine leicht gekürzte Fassung eines Artikels aus der Wochenzeitung »DIE ZEIT« vom 2. März 2006.

Astrid Lindgrens Märchenwelt

ISBN 978-3-7891-2947-6

ISBN 978-3-7891-4108-9

ISBN 978-3-7891-4110-2

ISBN 978-3-7891-5530-7

ISBN 978-3-7891-6037-0

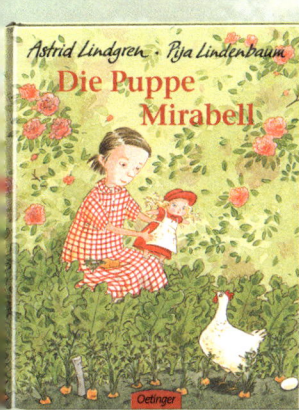

ISBN 978-3-7891-6838-3

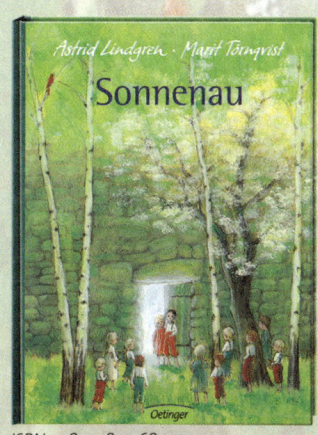

ISBN 978-3-7891-6843-7

4 CD/ISBN 978-3-7891-0082-6

Illustration von Marit Törnqvist

Singen mit Pippi, Michel & Co.

Das große Astrid-Lindgren-Liederbuch
– zum Mitsingen und Musizieren

Möchten Sie einstimmen? »Hej, Pippi Langstrumpf«, »Michel war ein Lausejunge« oder »Kalle Blomquist« kennen Sie bestimmt! Viele der Lieder aus den Kinderfilmen nach Lindgren-Büchern sind echte Ohrwürmer und nahezu jeder kennt einzelne Zeilen oder Teile der Melodien. Mit »Hej, Pippi Langstrumpf! Das große Astrid-Lindgren-Liederbuch« erscheinen jetzt zum ersten Mal 16 der bekanntesten und beliebtesten Lieder mit Text und Noten, einfachen Gitarrengriffen und den bekannten farbigen Lindgren-Bildern – ein Schatz nicht nur fürs Kinderzimmer, für Kindergärten und Schulen, sondern für alle Fans der Kinofilme. Dazu gibt's die Liederbuch-CD, auf der Frank Oberpichler und Dieter Faber, äußerst erfolgreich u. a. mit der schwungvollen Musik von Pettersson und Findus, alle Lieder mit viel Liebe zum Original und gleichzeitig zahlreichen neuen Ideen eingespielt haben. Das besondere Extra auf der CD aber sind die Playbackversionen: Zu jedem Lied gibt es eine gesonderte Mitsing-Version ohne Text, aber mit einer instrumentalen Melodieführung, sodass das Singen kinderleicht wird. Ideal für alle Kindergruppen – aber auch ein großer Spaß zu Hause!

NEUE MEDIEN UND MEHR

Idas Sommerlied

Einmal passierte etwas Schreckliches auf Katthult. Die Hühner lagen wie tot im Gras! Aber als Klein-Ida sie ganz sanft streichelte, wachten sie alle wieder auf. Da glaubte Klein-Ida, dass sie zaubern und alle Dinge zum Leben erwecken könne – sogar den Sommer!

Text: Astrid Lindgren
Übersetzung: Thorsten Meiwald
Melodie: Georg Riedel

1. Glaub nicht, von allein würd' es Sommer, in Garten und Wiese und Wald. Den Sommer, den muss jemand wecken, dann blühen die Blumen schon bald. Ich lasse die Blumen erblühen, lass sprießen das Gras und den Klee. Ja nun kann der Sommer beginnen, denn schmelzen ließ ich schon den Schnee

2. Ich lasse das Wasser schnell strömen
und setze die Bäche in Gang.
Lass Schwalben am Himmel jetzt fliegen
und Mücken, den Schwalben zum Fang.
Ich schenke den Bäumen die Blätter,
und setze die Nester hinein.
Ich lasse den Himmel erglühen,
am Abend mit rosigem Schein.

3. Und Walderdbeer'n werde ich machen,
ich finde, die braucht jedes Kind,
und andere herrliche Sachen,
die passend für Kinder jetzt sind.
Ich mache so lustige Stellen,
grad richtig zum Spielen mit dir.
Da hüpf ich und renne und springe
und spüre den Sommer in mir.

Illustrationen von Björn Berg

Hej, Pippi Langstrumpf! Das große Astrid-Lindgren-Liederbuch
Mit vielen farbigen Bildern von Björn Berg, Ilon Wikland und Katrin Engelking
Ca. 48 Seiten
ISBN 978-3-7891-4162-1
Erscheinungstermin: August 2007

Mit den Liedern:
Hej, Pippi Langstrumpf!
So will ich immer reisen
Seeräuber-Opa Fabian
Faul sein ist wunderschön
Schlaft alle
Der allerbeste Karlsson der Welt
Wir wandern
Madita-Lied
Michel war ein Lausejunge
Idas Sommerlied
Katzenlied
Fleischwurstlied
Kalle Blomquist
Lottas Krachmacherlied
Ferien auf Saltkrokan
Wolfslied

Hej, Pippi Langstrumpf! Die große Astrid-Lindgren-Lieder-CD
Mit Playback-Version zum Mitsingen
2 CD/ISBN 978-3-7891-0338-4
Erscheinungstermin: August 2007

NEUE MEDIEN

Pippi ist eine Art Anarchistin

Heike Makatsch über ihre Liebe zu »Pippi Langstrumpf«

Pippi Langstrumpf« wurde verfilmt, es gibt Hörspiele, Millionen Eltern auf der Welt haben ihren Kindern »Pippi Langstrumpf« vorgelesen – was macht Heike Makatsch anders?

Ich kann nicht sagen, was ich unbedingt anders mache ... Ich denke, dass Pippi Langstrumpf eine Art Anarchistin ist – da sind sich ja wahrscheinlich alle einig. Sie befolgt keine Regeln, sie hat niemanden, der ihr sagt, was richtig und was falsch ist oder was sie als nächstes zu tun hat. Und insofern ist sie manchmal auch im wahrsten Sinne des Wortes asozial und schwer verträglich für Menschen, die eher nach den Konventionen gehen. Ich musste beim Lesen versuchen, ihr eine frische, natürliche Ehrlichkeit und Wahrhaftigkeit zu verleihen, damit klar wird, dass hinter diesem manchmal anstrengenden Verhalten von Pippi keine Bösartigkeit liegt.

Was hat sie daran gereizt, »Pippi Langstrumpf« zu lesen?
Na ja, Pippi Langstrumpf ist geradezu eine Ikone. Sie ist eine Kultfigur unter den Heldinnen der Kinderliteratur. Pippi Langstrumpf – und Astrid Lindgren – haben einen großartigen Humor, der in Kinderbüchern selten so stark zu finden ist. Einen Humor, der schon fast absurd ist, der auf dem Kopf steht, der nicht nur lieblich ist und ein bisschen Kichern hervorbringt. Insofern sehe ich es als große Ehre an, dass ich so eine komplexe Kinderbuchfigur vertonen durfte.

Haben Sie als Kind »Pippi Langstrumpf« gelesen? Was gefiel Ihnen da besonders an Pippi? Und lesen Sie Pippi heute als Erwachsene mit anderen Augen?

Ich denke schon, dass ich die Unglaublichkeit der Figur »Pippi« eigentlich erst heute so richtig erkenne. Als Kind habe ich ihr Verhalten einfach so hingenommen. Jetzt finde ich es schon fast ein bisschen revolutionär, dass Astrid Lindgren damals so eine Figur erfunden hat. Als Kind hatte ich die Schallplatten, die Hörspiele, die von den Pippi-Filmen abgenommen wurden. Und das Gesicht der Inger Nilsson, die die Pippi gespielt hat, war mir immer absolut präsent. Die habe ich sehr geliebt.

Als kleines Mädchen hab ich immer gedacht, so wär ich gern, so ein Lächeln hätte ich gern, solche Sommersprossen, so dünne, staksige Beine. Sie war schon eine Heldin für uns alle. So wären wir auch gerne gewesen. Auf jeden Fall lieber als ein Mädchen in feinen Seidenkleidern und mit Schleifen im Haar – dann lieber Pippi Langstrumpf, die durch den Dreck gerobbt ist.

Als Pippi Langstrumpf 1949 erstmals in Deutschland erschien, gab es neben begeisterter Zustimmung auch kritische Stimmen: Pippi sei ein schlechtes Vorbild für die Kinder. Was halten Sie davon?

Na ja, Pippi und ihre Geschichten stehen ja nicht kontextlos. Sie haben Tommy und Annika als Gegenpol. Die können ihre heile Welt ein wenig auffrischen mit der komplett neuen Sichtweise, die Pippi ihnen ermöglicht – auf Dinge, die ihnen selbst immer wie in Stein gemeißelt vorkamen. Und insofern, denke ich, sind die Pippi-Langstrumpf-Geschichten ein Zusammenspiel aus Bürgerlichkeit auf der einen und dem Anarchismus, den Pippi Langstrumpf einbringt, auf der anderen Seite. Und es wird nie gesagt, das eine ist schlecht und das andere ist das einzig Wahre. Letztendlich ist Pippi ja auch einsam und allein. Sie kann sich nicht einfügen, sie kämpft und würde vielleicht ganz gern einer

Papa oder eine Mama haben, die ihr mal sagen: Jetzt kommst du mal hierher und machst das, was wir sagen. Also, ich sehe das nicht als gefährlich an, sondern ich sehe es einfach als Möglichkeit für Kinder, eine neue Sichtweise auf ihr gewohntes Leben zu werfen. Das kann nie schaden. Man sollte sich immer alle möglichen Sichtweisen offenhalten!

Das Interview führte Judith Kaiser am 5. Dezember 2006 in Berlin.

Heike Makatsch liest die erste ungekürzte Ausgabe von »Pippi Langstrumpf«. Die Doppel-CD erscheint im August 2007.

Astrid Lindgren
Heike Makatsch liest:
Pippi Langstrumpf
Ungekürzte Lesung
3 CD
ISBN 978-3-7891-0340-7
Erscheinungstermin:
August 2007

»Ich sah aus wie Michel aus Lönneberga«

*Prominente Schauspieler lesen die schönsten
Geschichten von Astrid Lindgren*

Viermal Lindgren für Liebhaber und Einsteiger: Heike Makatsch, Oliver Korittke, Anna Thalbach und Robert Stadlober, vier der erfolgreichsten deutschen Kinoschauspieler, lesen die schönsten Geschichten aus Astrid Lindgrens Kinderbüchern. Ihre Stimmen verleihen den Geschichten vom stärksten Mädchen der Kinderliteratur, dem besten Kunstflieger der Welt, dem frechsten Lausejungen und dem idyllischsten Dorf Schwedens Leben, Atmosphäre und Spannung. Das Besondere an den neuen Hörbüchern ist, dass sie aus zwei Teilen bestehen: Zu Beginn werden jeweils drei Geschichten gelesen, danach folgen die bekannten Lindgren-Lieder, Originalaufnahmen mit Astrid Lindgren und persönliche Kommentare der Schauspieler.

ISBN 978-3-7891-0344-5
Erscheinungstermin: August 2007

Heike Makatsch – wer könnte die freche, selbstbewusste und schlagfertige Pippi Langstrumpf besser sprechen als sie? Mit ihrer unverkennbaren Stimme verleiht die Schauspielerin Pippis Einkaufsbummel, der Begegnung mit Tante Laura und dem spektakulären »Spunk« einen fröhlichen, unbeschwerten Charakter. Im zweiten Teil der CD folgen das »Pippi«-Lied, eine ganz persönliche »Pippi Langstrumpf«-Betrachtung von Heike Makatsch und ein Originalkommentar von Astrid Lindgren.

Heike Makatsch, 1971 in Düsseldorf geboren, begann ihre Karriere als Moderatorin, bevor sie Schauspielerin wurde. Für ihre Filme wurde sie vielfach ausgezeichnet, u. a. mit dem Bayerischen Filmpreis, dem Bambi und der Goldenen Kamera.

ISBN 978-3-7891-0341-4
Erscheinungstermin: August 2007

Wenn Anna Thalbach in das idyllische Bullerbü entführt, möchte jeder Hörer mit: Warm und weich erzählt sie von den Spielen, den lustigen Erlebnissen und der Geborgenheit der Kinder aus Bullerbü. Da bekommt man Lust, am Schulweg durch die Wälder teilzunehmen, Kindermädchen bei der kleinen Kerstin zu spielen und Ideen zu entwickeln, wie man andere Menschen glücklich machen kann. Im Interview erinnert Astrid Lindgren an ihre eigene Kindheit im schwedischen Småland und Anna Thalbach beschreibt, was Bullerbü für sie bedeutet.

Anna Thalbach, geboren 1973 in Ostberlin, stand bereits als Sechsjährige vor der Kamera. Die Schauspielerin, die auch als bildende Künstlerin erfolgreich ist, wurde für ihre Kino- und Fernsehrollen u. a. mit dem Max-Ophüls-Preis ausgezeichnet.

Im Film spielt Oliver Korittke oft Typen mit schnoddrigem Humor, die einfach und geradeheraus sagen, was sie denken. Damit ist er die perfekte Besetzung, um den besten unverbesserlichen Besserwisser der Welt zu den Ohren seiner großen und kleinen Zuhörer fliegen zu lassen: »Karlsson vom Dach«. Im Kommentar erzählt er, was ihm an Karlsson am besten gefällt – und dazu gibt's das »Karlsson«-Lied, Ausschnitte aus Originallesungen und -interviews mit Astrid Lindgren. Das Hörbuch enthält die Geschichten »Karlsson vom Dach«, »Karlsson baut einen Turm« und »Karlsson spielt Zelt«.

ISBN 978-3-7891-0342-1
Erscheinungstermin: August 2007

Oliver Korittke, 1968 in Berlin geboren, spielte mit vier Jahren seine erste Fernsehrolle und trat schon als Sechsjähriger in der Sesamstraße auf. Er hat in über 50 Filmen mitgewirkt und wurde u. a. mit dem Adolf-Grimme-Preis ausgezeichnet.

NEUE MEDIEN

Verschmitzter Blick, blondes Strubbelhaar und immer neue Einfälle. Das kann nur Michel sein – aber es passt auch auf Robert Stadlober. »Ich sah aus wie Michel aus Lönneberga und habe auch so viel Mist angestellt«, sagt er über sich selbst. Das macht den auch international ausgezeichneten Jungschauspieler zur idealen Besetzung für die Lesung der Lausejungen-Geschichten von Michel – wie z. B. der Geschichte des Tages, als Michel Blutklößeteig über seinen Vater ausgoss und anschließend sein 100. Holzmännchen schnitzte. Wer noch mehr erfahren möchte, hört sich anschließend Stadlobers Liebeserklärung an Michel an, singt beim »Michel«-Lied mit und lauscht der Stimme von Astrid Lindgren.

ISBN 978-3-7891-0343-8
Erscheinungstermin: August 2007

Robert Stadlober, 1982 in Friesach/Österreich geboren, war bereits als Kind als Synchronsprecher tätig. Er ist Schauspieler und Songwriter/Sänger, führt ein Musik-Label und wurde für seine Filmrollen u. a. mit dem Bayerischen Filmpreis ausgezeichnet.

Apselut Spunk!

Die große Astrid-Lindgren-CD-ROM

Zählen lernen mit Pippi? Mit Michel Streiche auf dem Katthult-Hof aushecken? Und mit Maditas Schirm durch die Luft über Birkenlund fliegen? All das und vieles mehr ist möglich mit der großen Astrid-Lindgren-CD-ROM, auf der Kinder ab vier Jahren die wunderbare Welt von Astrid Lindgren entdecken können. Die 22 Spiele wurden von den vielfach ausgezeichneten schwedischen Softwareentwicklern von Gammafon entwickelt, die u. a. auch die CD-ROMs von Mama Muh, Karlsson vom Dach und Pettersson und Findus konzipiert, gestaltet und umgesetzt haben und eng mit der Familie von Astrid Lindgren zusammenarbeiten. Überraschende Audio- und Animationseffekte sowie liebevolle Illustrationen machen das Spielen für die Kinder zu einem großen Spaß – und ganz nebenbei lernen sie zählen, erstes Buchstabieren und trainieren logisches Denken und Geschicklichkeit.

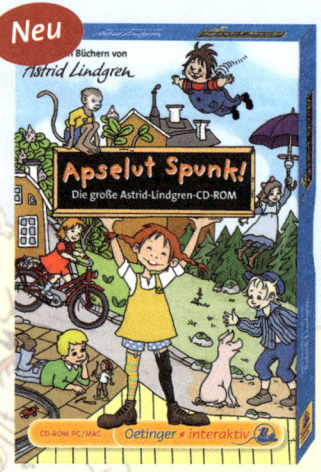

Ein gesonderter Abschnitt führt mit vielen Fotos und Bildern in das Leben von Astrid Lindgren ein und zeigt, wie ihre Figuren entstanden sind. Sehen Sie doch einfach mal hinein!

Apselut Spunk!
Die große Astrid-Lindgren-CD-ROM
CD-ROM PC/MAC
ISBN 978-3-7891-8047-7
Erscheinungstermin: August 2007

NEUE MEDIEN

ähren mit Lotta

Nils Karlsson-Däumling sammelt Streichhölzer

el schnitzt Männchen

Balancieren in der Villa Kunterbunt

äuft den Polizisten davon

Regenschirmflug mit Madita

Kirsten Boie

Eine Meisterin der Poesie des Einfachen

Es fällt schwer, sich einen anderen Schriftsteller zu denken, der in seinen Geschichten die Gefühls- und Erlebniswelt von Kindern so authentisch dargestellt hat wie Astrid Lindgren. Hinzu kommt, dass wir ihren Büchern kaum absprechen können, was im Zusammenhang mit Kinderliteratur nicht selbstverständlich ist: literarische Qualität. Niemand wird ernsthaft bestreiten wollen, dass Texte für Kinder niemals die gleiche Komplexität erreichen können wie die besten Texte der Erwachsenenliteratur – sie würden, wollten sie versuchen, hier zu konkurrieren, ihre Leser verraten, die noch Anfänger sind auf dem Gebiet der Literatur (wie im Leben) und die einen Anspruch darauf haben, dass es einem Text gelingt, ihnen auch Komplexes auf einfache Weise nahezubringen.

Genau hier nun war Astrid Lindgren Meisterin – eine Meisterin der Poesie des Einfachen. Niemals haben wir bei ihren Büchern das Gefühl, dass es sich bei der Einfachheit ihrer Texte um bewusste Reduktion im Interesse der kindlichen Leser handelt, um das Fehlen von etwas, um das es uns (als erwachsenen Lesern) also eigentlich leidtut. So, genau so, das merken wir beim Lesen, muss dieser Text sein.

Erinnerung an die Kindheit

Immer wieder hat Astrid Lindgren darauf verwiesen, dass sie sich, sie wisse nicht warum, eben ganz genau daran erinnern könne, wie es sich anfühlt, ein Kind zu sein. Und aus diesem

ZUR ERINNERUNG – AUS AUSGEWÄHLTEN NACHRUFEN

Wissen heraus hat sie ihre Geschichten erzählt, wie sie ihrer Überzeugung nach für die jeweilige Altersgruppe erzählt werden mussten; was ja nichts anderes bedeutet, als dass die Form des Textes nicht nur dem zu erzählenden Inhalt, sondern auch dem Rezeptionsvermögen der kindlichen Leser entspricht.

Wenn wir aber ihre Bücher als Erwachsene (wieder) lesen, wird in uns die Erinnerung wach an die starken Gefühle der Kindheit. An das Glück, im Sommer barfuß über warme Sandwege zu laufen; an die abgrundtiefe Verzweiflung, wenn wir zu Unrecht beschuldigt wurden, etwas getan zu haben, für das wir nichts konnten.

Vielfältig und wandlungsfähig

Die Vielfalt der Genres, derer Lindgren sich bedient hat – bedient, denn sie hat sie niemals einfach nur übernommen, kopiert, sondern immer für ihren jeweiligen Zweck angepasst, bis es uns fast erscheint, sie hätte ein neues Genre geschaffen –, sucht (auch im Bereich der Erwachsenenbelletristik) ihresgleichen: Vom klassischen Mädchenbuch (»Kati«) über den Krimi (»Kalle Blomquist«), die Idylle (»Bullerbü«; »Saltkrokan«), die Familiengeschichte (»Lotta«) mit sozialkritischer Einbettung (»Madita«), die Farce (»Pippi«, »Karlsson«), die Lausbubengeschichte (»Mi-

---

> *»Sie vergoss keine Träne.*
> *Aber in ihr weinte es,*
> *so traurig war sie.«*
>
> (aus: Ronja Räubertochter)

chel«), die fantastische Erzählung (»Mio, mein Mio«; »Die Brüder Löwenherz«) schließlich wieder zum – jetzt keineswegs mehr klassischen – Mädchenbuch (»Ronja Räubertochter«) finden wir eine Fülle unterschiedlichster Gestaltungsformen.

Und auch ihre Sprache ist so wandlungsfähig, wie wir es nicht von vielen Schriftstellern kennen, ist immer in Übereinstimmung mit den Notwendigkeiten einer Geschichte und schafft erst deren jeweilige, immer ganz spezifische Atmosphäre. Zwischen der mündlich anmutenden Alltagssprache der siebenjährigen Ich-Erzählerin in den Bullerbü-Büchern und dem ruhigen poetischen Stil des allwissenden Erzählers in «Ronja Räubertochter» spannt sich ein weiter Bogen sprachlicher Möglichkeiten.

Wider die Grenzen der Kinderliteratur

Dabei ist Lindgren mit ihren Büchern keineswegs immer auf begeisterte Reaktionen gestoßen: Pippi, längst das bekannteste Kinderbuchmädchen der Welt, hat zunächst in Schweden, danach in Deutschland keinen Verlag finden können und jahrelang heftigste Proteste bei Pädagogen und anderen wohlmeinenden Menschen ausgelöst. Und noch als Lindgren längst weltberühmt war, haben 1973 ihre »Brüder Löwenherz« (ein Buch über den Tod zu einer Zeit, als dieser in der Kinderliteratur als Tabuthema galt) zu scharfen Reaktionen der Kritiker geführt. So hat Lindgren durch ihre Bücher mit untrüglichem Gespür für das, was jeweils an der Zeit war, immer wieder die bestehenden Grenzen der Kinderliteratur durchbrochen oder vielleicht eher nach vorne hin verschoben und damit mehr Raum, mehr literarische Möglichkeiten geschaffen auch für andere Schriftsteller.

Dabei ist es ihr nicht primär um die Literatur, sondern immer zuerst um die Kinder gegangen. Um das, was Kritiker, Lehrer und andere berufene Erwachsene zu einem Buch vermutlich sagen würden, könne sie sich beim Schreiben leider nicht scheren, hat

ZUR ERINNERUNG – AUS AUSGEWÄHLTEN NACHRUFEN

Lindgren in einem Interview gesagt, sonst wäre ihr das Schreiben nämlich ganz und gar unmöglich. Sie frage sich einfach – das Kind in ihr frage sie –, wie die Geschichte, die sie erzählen wolle, wohl für Kinder geschrieben werden müsse; nur darum gehe es ihr.

Und sie hat recht behalten. Eben weil sie sich niemals von der Kritik hat irritieren lassen, hat sie durch ihre Bücher die kinderliterarische Landschaft über Jahrzehnte hin grundlegend verändern können.

Kirsten Boie, 1950 in Hamburg geboren, ist eine der bedeutendsten Kinder- und Jugendbuchautorinnen Deutschlands und wurde u. a. bereits dreimal für den internationalen Kinder- und Jugendbuchpreis, den Hans-Christian-Andersen-Preis, nominiert. Die FAZ bescheinigt ihr, »das Erbe Astrid Lindgrens angetreten zu haben«.

Der Artikel »Frag doch einfach das Kind in dir« ist die gekürzte Fassung eines Nachrufs auf Astrid Lindgren, der am 2. Februar 2002 in »DIE WELT« erschien.

> *»Man muss leben, damit man sich mit dem Tod anfreundet ... glaube ich, trallala.«*
>
> (Gespräch mit Margareta Strömstedt, 1986)

Henning Mankell

Astrid Lindgrens Geheimnis

Kann man ihr Geheimnis überhaupt ergründen? Ich erlaube mir, es zu versuchen. Ich glaube, die Antwort ist zweigeteilt. Wenn man genau auf Astrid Lindgrens Sprache hört, wie sie in ihren Erzählungen angelegt ist – über Pippi Langstrumpf, Karlsson vom Dach, Michel aus Lönneberga oder Ronja Räubertochter, alle ihre erdichteten Gestalten –, so merkt man, dass sie vom mündlichen Erzählen geprägt ist. Astrid Lindgren war Schriftstellerin, sie schrieb, doch sie tat das auf eine Art und Weise, dass man sich in eine Welt der Stimmen versetzt wähnte.

Ihre Worte waren wie Türen; öffnete man sie, wurden die Stimmen dahinter hörbar. Vielleicht wie es vor langer, langer Zeit gewesen war, in ihrer eigenen Kindheit am Anfang des 20. Jahrhunderts. Als die Menschen sich in der Dämmerung versammelten, wenn es zu dunkel war, um zu arbeiten, aber noch zu hell oder zu früh, um zu schlafen; wenn man zusammensaß und den Erzählungen lauschte; dort fand Astrid Lindgren ihren ganz eigenen Rhythmus, ihre ganz eigene Sprache. Dies, glaube ich, ist der eine Teil des Geheimnisses, das ihre Erzählungen in so vielen unterschiedlichen Kulturen so beliebt macht.

Fantasie ist ein Überlebensinstrument

Der andere Teil des Geheimnisses ist bedeutend leichter zu enthüllen: Astrid Lindgren nahm Kinder ernst. Sie wusste, dass die Fantasie in der Welt des Kindes nicht nur ein sinnvolles Instrument zum Bauen von Waldhütten und Flößen war oder um kleine Bäche in riesige afrikanische Ströme zu verwandeln; sie wusste, dass die Fantasie ein Überlebensinstrument war, ein Instrument, mit dessen Hilfe es möglich war, das Schwere im Leben zu ertragen.

Astrid Lindgren vergaß nie die tiefste Wahrheit über die Kindheit und das Heranwachsen: dass das, was Kinder und junge Menschen wirklich interessiert, die großen Fragen sind: nach Liebe und Einsamkeit, Verlassensein und Sehnsucht, Angst und Tod. Sie hat die Geschichten erzählt, die Kinder wirklich hören wollen, nicht die, von denen Erwachsene glauben, dass Kinder sie haben wollen.

Aber Astrid verfügte auch über eine große intellektuelle Kapazität. Sie beteiligte sich lebhaft, kraftvoll und feurig an politischen Diskussionen, ob es sich um Steuern handelte oder um die Rechte von Tieren. Ihr Ernst und ihre ironische und zugleich humoristische Sprache bewirkten, dass man auf sie hörte. All dies lässt sich in einem Wort zusammenfassen: Lebenslust. Ihre kindliche Neugier verlieh ihr Kraft bis ins hohe Alter, bis sie über neunzig Jahre alt war. Ich erinnere mich an ihre milde Selbstironie und ihren tiefen Ernst.

Zu groß für den Nobelpreis

Vielleicht ist das ihr größtes Geheimnis; die Geschichte, die sie nie schrieb. Die Erzählung, die sie selbst als Mensch ausmachte: dieses einzige Leben, das wir haben, immer ernst zu nehmen. Es nicht zu einem Nichts zerrinnen zu lassen. Deshalb ließ sie den Tod in ihren Erzählungen gegenwärtig sein. Ich glaube, sie wollte damit sagen: »Wenn du den Tod nicht siehst, kannst du das Leben nie ernst nehmen.«

Astrid Lindgren war eine der größten Erzählerinnen unserer Zeit. Es gibt jetzt eine Reihe von Menschen, wie es sie schon seit vielen Jahren gegeben hat, die meinen, ihr sollte posthum der Nobelpreis verliehen werden. Warum?, frage ich mich. Astrid selbst hätte nur mit den Schultern gezuckt und die Diskussion für töricht gehalten. Sie hat sich kaum darum gekümmert, als sie lebte. Warum sollte sie sich jetzt, wo sie tot ist, darum kümmern? Astrid war zu groß für den Nobelpreis. Sie brauchte ihn nicht.

Henning Mankell, 1948 in Stockholm geboren, ist international vor allem mit seinen Kriminalromanen um Kommissar Wallander bekannt geworden. Der Dramatiker, Regisseur und Schriftsteller wurde u. a. mit dem Nils-Holgersson-Preis und dem Deutschen Jugenditeraturpreis ausgezeichnet und lebt den größten Teil des Jahres in Mosambik, wo er mit großem Engagement die Arbeit des nationalen Theaters unterstützt. Die Kinder- und Jugendbücher von Henning Mankell sind bei Oetinger erschienen.

Der vorliegende Text ist eine gekürzte Fassung des Nachrufs auf Astrid Lindgren, der im Nachrichtenmagazin »Der Spiegel« Nr. 6/2002 erschien (aus dem Schwedischen von Wolfgang Butt)

> *»Wenn nur der Tod nicht so schwer wäre«, sagte Jum-Jum. »Wenn nur der Tod nicht so schwer und wir nicht so klein und einsam.«*
>
> *(aus: Mio, mein Mio)*

Gert Ueding

Astrid Lindgren hatte es gut

Greisin und zugleich Mädchen – die Geschichte der europäischen Literatur kennt dieses ästhetische Ideal- und Zwitterwesen seit Plinius, nur selten einmal verkörpert es sich in der Wirklichkeit. Ein solcher Ausnahme- und Glücksfall war Astrid Lindgren. Wer ihr begegnete, berichtete von ihrer Geradheit und Bescheidenheit, der aller Weltruhm nichts hatte anhaben können.

Doch was so ungleichzeitig wirkt: ob der Bauernhof in Bullerbü, Katthult in der Gemeinde Lönneberga, wo Michel aus seiner Suppenschüssel befreit werden muss, oder die genau in der Mitte gespaltene Räuberburg, in deren einer Hälfte Ronja, in deren anderer ihr Freund Birk wohnt – diese oft märchenhaft oder wie aus einem Ludwig-Richter-Album wirkenden Szenarien haben auf den zweiten Blick sehr viel mit der modernen Welt zu tun, in der ihre Leser leben. Sie sind deren märchenhaft verkleidete Fassaden, aber wenn man eintritt, begegnen einem die vertrauten Probleme. Menschliche Kälte, Hass und Feindschaft, die Kontaktlosigkeit, Angst und das Verbrechen sind der Grund, auf dem Astrid Lindgrens Kinderfiguren dennoch zu tanzen beginnen.

Das kann sogar fantastische Ausmaße annehmen wie im Falle Pippi Langstrumpfs, die alle Fähigkeiten und Eigenschaften, die sich ein Kind wünschen kann, vereinigt und doch niemals wie andere Superfiguren der neuzeitlichen Kinderliteratur den Kontakt zur Wirklichkeit verliert, weil sie tief in der seelischen Realität ihrer Leser verankert ist. »Es gibt nichts, was das Buch als Nährboden der Fantasie ersetzen kann«, schrieb Astrid Lindgren.

»Ein Kind, allein mit seinem Buch, schafft sich irgendwo tief in den geheimen Kammern der Seele eigene Bilder, die alles andere übertreffen.«

Ihre Leser kommen aus allen Altersschichten
Freilich, das Buch muss auch den Zugang zu diesen Kammern finden, und es kann dies nur, wenn es selber aus ihren Labyrinthen stammt. Astrid Lindgrens Werk hat längst, wie alle große Kinderliteratur, wie »Alice im Wunderland« oder »Die Schatzinsel« oder »Pinocchio«, die Grenze ihres Genres gesprengt. Ihre Leser kommen aus allen Altersschichten – nicht nur, weil viele Eltern das Vorlesen gerne als Vorwand zur eigenen Lektüre nutzen. Sie vermeidet jede Kindertümelei, ihre Sprache ist einfach und klar, die Psychologie ihrer Figuren hinter der Fassade aber so vielfältig wie das leben selbst, und die Fabeln ihrer Bücher führen weit hinunter in archetypische Erfahrungswelten, die unserem Alltag allemal vorausliegen. »Ich erinnere mich noch an den Sommer, als ich 13 war und merkte, dass ich nicht mehr spielen konnte. Ich stellte fest, es ging einfach nicht. Es war entsetzlich. Und traurig. Und ich glaube, das haben alle Kinder in diesem Alter erlebt. Ich kann euch nur sagen: Verzweifelt nicht am Leben! Denn das geht vorbei. Diese traurige Zeit nimmt ein Ende.«

Sie schrieb Rettungsromane
Astrid Lindgren schrieb lauter Rettungsromane, Wunscherfüllungsfantasien, die aber keine Fluchtliteratur sind, sondern die Einbildungskraft wecken und ausbilden, damit sie ihren Teil zu Lebensmeisterung beiträgt. »Solche Bilder braucht der Mensch. An dem Tag, da die Fantasie der Kinder nicht mehr die Kraft besitzt, sie zu schaffen, an diesem Tag verarmt die Menschheit.«

ZUR ERINNERUNG – AUS AUSGEWÄHLTEN NACHRUFEN

Gert Ueding, geboren 1942 in Schlesien, Schüler von Ernst Bloch und Nachfolger von Walter Jens, ist Direktor des Seminars für Allgemeine Rhetorik an der Universität Tübingen.

Der Artikel ist eine gekürzte Fassung seines Nachrufes auf Astrid Lindgren, erschienen in »DIE WELT« vom 29.01.2002.

> *Manchmal ist es so, als ob das Leben einen seiner Tage herausgriffe und sagte: »Dir will ich alles schenken! Du sollst solch ein rosenroter Tag werden, der im Gedächtnis leuchtet, wenn alle anderen vergessen sind.«*
>
> (aus: Ferien auf Saltkrokan)

Astrid überall

Veranstaltungen und Projekte im Astrid-Lindgren-Jahr

Sollte es noch irgendjemanden geben, der nicht weiß, wer Astrid Lindgren ist: Ende 2007 wird er es wissen. Das Lindgren-Jahr wird mit einer Vielzahl von Veranstaltungen, Festen, Ausstellungen und anderen Aktivitäten bundesweit gefeiert und es ist noch gar nicht abzusehen, was wo und wann überall stattfinden wird.
Der Oetinger Verlag als der deutsche Lindgren-Verlag hat deshalb eine eigene Plattform eingerichtet: Das Veranstaltungsforum auf **www.oetinger.de** versammelt alle Termine des Lindgren-Jahres und lädt Veranstalter dazu ein, ihre Projekte zu ergänzen und bekannt zu machen.

»Wir erwarten ein breites Spektrum ganz unterschiedlicher Aktivitäten«, sagt Till Weitendorf, verantwortlich für den Internet-Auftritt der Verlagsgruppe, »eine Schatzkiste und Fundgrube für alles, was im Lindgren-Jahr anlässlich des Geburtstages der berühmten Schriftstellerin geschieht«. Ergänzen Sie dort Ihre eigene Veranstaltung oder schauen Sie einfach rein – und suchen Sie sich die Feste, Feiern und Ausstellungen aus, die in Ihrer Nähe stattfinden!

Höhepunkte im Lindgren-Jahr

Schon jetzt steht eine Fülle von Lindgren-Aktivitäten fest. Die SOS-Kinderdörfer errichten ein »Astrid-Lindgren-Kinderdorf« im Westen Zentralafrikas, in der Stadt Bouar und rufen hierfür in Schweden, Deutschland und Österreich zu Spenden auf. In Schweden und in Deutschland werden im November Sonderbriefmarken mit dem Bild der berühmten Schriftstellerin erscheinen. Radio und Fernsehen planen Sendungen zu Leben und Werk

WAS IST LOS IM JUBILÄUMSJAHR?

> **SOS baut ein »Astrid-Lindgren-Kinderdorf«**
> *Das »Astrid-Lindgren-Kinderdorf« im Westen Zentralafrikas, in der Stadt Bouar, entsteht in einer Region, die zu den ärmsten des Kontinents gehört. Es wird auch eine Schule und ein medizinisches Zentrum umfassen. Oetinger spendet u. a. neben einem Festbetrag einen Teil der Erlöse aus dem Bilderbuch »Von Kletterbäumen, Sachensuchern und kitzligen Pferden. Astrid Lindgrens Kindheit« für die Errichtung des Dorfes.*

von Astrid Lindgren – so findet am Freitag, den 16. November 2007, zum Beispiel eine große »ARD-Hörnacht« statt, die von allen Landesrundfunkanstalten der ARD ausgestrahlt wird. Das Berliner FEZ, das größte gemeinnützige Kinder-, Jugend- und Familienzentrum Europas, hat das komplette Jahr 2007 unter das Motto »Starke Kinder – 100 Jahre Astrid Lindgren« gestellt. Auf rund 13.000 qm bietet das Veranstaltungszentrum Projektwochen, Familienwochenenden, ein Sommerferienspiel und eine Ausstellung rund um Astrid Lindgren und ihre Kinderbuchfiguren und eröffnet zu Jahresbeginn die »Astrid-Lindgren-Bühne«, auf der das ganze Jahr über Lindgren-Theaterstücke gespielt werden. Zu Beginn wird die Eigenproduktion »Michel aus Lönneberga« auf die Bühne gebracht, es folgen zahlreiche Gastspiele.

© Jörg Metzner

ASTRID LINDGREN. Lesebuch zum 100. Geburtstag

Illustraion von Björn Berg

Auf ins Theater!

Doch nicht nur im FEZ erwachen Pippi, Michel, Ronja und die anderen Lindgren-Kinder zum Leben: Das Westfälische Landestheater in Castrop-Rauxel spielt »Michel aus Lönneberga«, in Dinkelsbühl fährt Pippi nach Taka-Tuka-Land, im Hamburger Schauspielhaus reisen die »Brüder Löwenherz« ins Land Nangijala und in Chemnitz werden die Theaterbesucher in Ronjas Räuberwald entführt. Puppentheater mit Pippi Langstrumpf und Michel spielen die »WODO Puppenspiele« in Mühlheim an der Ruhr sowie das Figurentheater Kirchentellinsfurt, und das Junge Theater Bonn plant ab Mai eine Werkschau mit mehreren Theaterstücken nach Astrid Lindgrens Kinderbüchern, darunter »Brüder Löwenherz«, »Pippi Langstrumpf«, »Ronja Räubertochter« und »Kalle Blomquist«. Nichts in Ihrer Nähe dabei? Dann schauen Sie doch einmal auf die Oetinger-Website, dort sind auch die Termine der Tourneetheater »Theater auf Tour« und »Wittener Kinder- und Jugendtheater« sowie zahlreiche weitere Aufführungen verzeichnet.

Nicht nur im Museum: Astrid-Lindgren-Ausstellungen

Wer war Astrid Lindgren? Wie hat sie gelebt, welche Bücher hat sie geschrieben und wie hat sie die Welt verändert? Zahlreiche Ausstellungen widmen sich Leben und Werk der großen Schriftstellerin, und es ist beeindruckend, welche Schätze aus den Sammlerarchiven zutage treten. In keinem anderen außerskandinavischen Land war Astrid Lindgren so erfolgreich wie in Deutschland und es liegt deshalb nahe, dass das Goethe-Institut Stockholm genau dies zum Thema macht: »Deutschland und Astrid Lindgren« heißt die kleine, aber hochklassige

WAS IST LOS IM JUBILÄUMSJAHR?

Matthias Blum, Leiter der Ausstellung »Die Lebenswelt von Astrid Lindgren«, mit zwei lebensgroßen Kinderbuchfiguren

Vitrine mit ausländischen Pippi-Langstrumpf-Ausgaben

10 Jahre »Die Lebenswelt von Astrid Lindgren«

Am 14. November 1997, dem 90. Geburtstag von Astrid Lindgren, zeigte der Student Matthias Blum in Oldenburg zum ersten Mal die Ausstellung, die von nun an sein Leben bestimmen sollte: »Die Lebenswelt von Astrid Lindgren« hat sich zu einer seit zehn Jahren erfolgreichen Wanderschau mit insgesamt mehr als 100.000 Besuchern entwickelt, die Jahr für Jahr an verschiedenen Orten Deutschlands gezeigt wird – darunter Köln, Stuttgart, Berlin, Magdeburg, München, Westerland u.v.m. Aus der Idee eines Studenten ist ein Lebenswerk geworden und die Ausstellung hat sich in den vergangenen Jahren verdreifacht. Für 2007 ist die Sammlung Matthias Blums u. a. in Wolfsburg, Bad Kreuznach, Westerland und Hannover zu sehen.

Ausstellung, die am 15.11. in der schwedischen Hauptstadt eröffnet wird. Matthias Blum feiert mit seiner Ausstellung »Die Lebenswelt von Astrid Lindgren« zehnjähriges Jubiläum und das Buddenbrookhaus in Lübeck macht die Exponate der Lübecker Sammlerin Marion Bliefert der Öffentlichkeit zugänglich. Im Museum Hameln geht es um Pippi Langstrumpf, in Wolfsburg ist eine Ausstellung mit Rahmenprogramm

Illustraion von Katrin Engelking

und Workshops geplant, und der Lindgren-Experte Prof. Reinbert Tabbert konzipiert u. a. eine Schau an den Pädagogischen Hochschulen Reutlingen und Heidelberg.

Veranstaltungen für Große und Kleine

Was liegt bei einem Geburtstag näher, als ihn mit einem Fest zu feiern? Die Katholische Akademie in Hamburg veranstaltet im September ein großes, vorgezogenes Geburtstagsfest für Kinder, Erwachsene und Fachleute, in Berlin finden im November »Märchentage« mit dem Titel »Von Löwenherzen und Räubertöchtern« statt. Kaum zu zählen sind die vielen Kinderfeste, die im ganzen Land stattfinden – in Schulen in Brandenburg oder Mölln, in Kindertagesstätten, Bibliotheken und Kinder- und Jugendzentren von Nord nach Süd und Ost nach West. Für alle, die gerne feiern möchten, aber noch auf der Suche nach Anregungen sind, bietet der Oetinger-Verlag die kostenfreie Broschüre »100 Jahre Astrid Lindgren. Ideen und Tipps für Kinderfeste und Projekte« an, die sich vor allem an Grundschullehrer und Erzieher richtet, und im Internet, direkt beim Verlag oder über den Buchhandel bestellt werden kann.

Broschüre »100 Jahre Astrid Lindgren. Ideen und Tipps für Kinderfeste und Projekte«

WAS IST LOS IM JUBILÄUMSJAHR?

Astrid Lindgren zum Lesen und Hören
Einmalig: Die Jubiläumsedition »100 Jahre Astrid Lindgren« umfasst 12 Bände und begleitet alle Lindgren-Fans durch das ganze Jahr. Sie umfasst sämtliche Kinderromane und Erzählungen der berühmten Schriftstellerin – im hochwertigen Halbleineneinband und zum extragünstigen Jubiläumspreis von nur 9,90 € pro Buch. Jeden Monat erscheinen neue Bände, bis die Sammlung zum Geburtstag im November mit der Gesamtausgabe von »Pippi Langstrumpf« und dem zauberhaften Geschichtenband »Erzählungen und Märchen« vollständig ist.

Für Liebhaber:
die komplette Edition
im Schuber (98 Euro)

Und wer lieber zuhören möchte, wenn Manfred Steffen die Geschichten aus Bullerbü, von Michel, Madita und den anderen Lindgren-Kindern liest, sollte die im März erscheinende Hörbuch-Ausgabe der Jubiläumsedition nicht verpassen: 12 Hörbücher zum Preis von je nur 5,95 Euro.

Audio-Tipp im März: die 12 Hörbuch-Ausgaben der Jubiläumsedition im hochwertigen DVD-Slimbox-Format (Auswahl)

Die Kassette mit fünf Hörspielklassikern erscheint im August – weitere Informationen unter **www.oetinger-audio.de**

Click and Enter!

*Astrid Lindgren online:
Informationen und Mitmach-Angebote*

Oetinger-Website

Wo findet man was im Internet? Fast 2,5 Millionen Fundstellen gibt die Suche nach dem Stichwort »Astrid Lindgren« – wir sagen Ihnen, welche Seiten die wichtigsten sind!

www.astrid-lindgren.de

Die offizielle Astrid-Lindgren-Website informiert umfassend über Leben und Werk der Autorin und leitet auf viele andere wichtige Seiten weiter. Im Jubiläumsjahr gibt es ein großes Gewinnspiel: die »Astrid-Lindgren-Schnitzeljagd« mit lustigen und kniffligen Aufgaben für jeden Monat bis November. Neu ist das »Buch der Erinnerungen, in dem jeder Astrid-Lindgren-Fan von seinen persönlichen Lieblingsbüchern erzählen und an den Erlebnissen anderer teilhaben kann.

www.oetinger.de

Die Website des Oetinger Verlages verzeichnet sämtliche lieferbaren Titel und stellt mit dem »Astrid-Lindgren-Veranstaltungs-Forum« eine Plattform für Veranstaltungen im Jubiläumsjahr zur Verfügung. Das Forum ist öffentlich, jeder Veranstalter kann seine eigene Veranstaltung dort eintragen.

www.astridlindgren2007.com

Das Jubiläumsportal wird u. a. von der Gemeinde Vimmerby geführt, stellt schwedische und internationale Veranstaltungen vor und verweist auf die entsprechenden Internetseiten.

Unterwegs in Astrid Lindgrens Welt

Die schönsten Ziele für Lindgren-Liebhaber

*E*inmal wie Ronja durch die Wälder toben? In den Schären von Stein zu Stein hüpfen? Oder die Krachmacherstraße hinuntersausen? Wer die Abenteuer der Kinderbuchfiguren von Astrid Lindgren nachspielen oder die Atmosphäre ihrer Bücher nachempfinden möchte, kann auf ihren Spuren wandeln. Das Oetinger Lesebuch stellt die wichtigsten Ziele für alle Lindgren-Liebhaber vor – zum Hinfahren und Entdecken!

Astrid Lindgrens Welt

Astrid Lindgren hat »die Kleinstadt Vimmerby auf die Weltkarte gesetzt«, sagt Lena Törnqvist, Leiterin des Lindgren-Archivs in Stockholm. Rund 300.000 Besucher kommen jedes Jahr in Astrid Lindgrens Geburtsstadt. Viele davon besuchen den Themenpark »Astrid Lindgrens Welt«, in dem Kinder alle Plätze finden, die sie aus ihren Lieblingsbüchern kennen: Lottas Haus in der Krachmacherstraße, die drei Höfe von Bullerbü, die Wolfsschlucht aus »Ronja Räubertochter« und natürlich Pippis Villa Kunterbunt. Auf einem »Nicht-den-Fußboden-berühren«-Parcours können die Kinder balancieren und in der winzigen Stadt – einem Nachbau der Hauptstraße von Vimmerby – Häuser betreten, die so klein sind, dass ihre Eltern nicht mit hinein können.

Astrid-Lindgren-Hof

Das 1998 eröffnete Astrid-Lindgren-Museum direkt am Themen- park »Astrid Lindgrens Welt« zieht in diesem Jahr um: In Näs, auf dem Grundstück des Pfarrhauses, in dem Astrid Lindgren geboren wurde, eröffnet im Mai 2007 der neue Astrid-Lindgren-Hof mit einer Fläche von ca. 900 Quadratmetern. Die ständige Ausstellung führt anschaulich und eindrucksvoll durch Leben und Werk der berühmten Schriftstellerin – und zeigt zum Beispiel, wie Astrid Lindgren im Bett sitzend die erste Fassung von »Pippi Langstrumpf« stenografiert. Darüber hinaus wird es im neuen Museum Theater- und Kinovorführungen geben und zahlreiche Sonderaktionen.

Junibacken

In dem Kindermuseum mitten in Stockholm werden die beliebtesten Kinderbuchfiguren der skandinavischen Literatur lebendig – neben Michel, Pippi und anderen Lindgren-Figuren sind auch Pettersson und Findus, die Mumins oder Willi Wiberg dabei. Der »Bahnhof von Vimmerby«, ein Museumsgebäude, zeigt private Fotos, Lindgren-Bücher aus der ganzen Welt sowie Originalbriefe und ist der Ausgangspunkt für die Reise im schwebenden Märchenzug »Sagotåget«, der durch die gesamte Kinderbuchwelt von Astrid Lindgren führt. Noch bis Mitte 2007 gibt es darüber hinaus eine Karlsson-Aus- stellung mit einer Dampfmaschine zum Hineinklettern. Eine gesonderte Astrid-Lindgren-Abteilung zeigt private Fotos, Lindgren- Bücher aus der ganzen Welt und Originalbriefe.

Von Vimmerby ins weite Lindgren-Land

Rund um Vimmerby erstreckt sich die Landschaft, in der Michel aus Lönneberga und die Kinder aus Bullerbü leben – auch wenn die Plätze letztlich der Fantasie Astrid Lindgrens entstammen. Doch Ortsschilder zeigen den Besuchern, wo sie Michels Katt-

Landkarte mit markierten Drehorten der Kinofilme, aus: Karlsson/Erséus, Von Pippi, Michel, Karlsson & Co. Astrid Lindgrens Filmwelt

hult und die Höfe von Bullerbü finden: In den Orten Gibberyd und Sevedstorp wurden die entsprechenden Szenen aus den bekannten Kinofilmen gedreht. Im Osten, auf der Insel Gotland, sind große Teile der »Pippi Langstrumpf«-Filme entstanden, und um Ronjas Wälder zu erleben, muss man nach Nordwesten ins Dalsland an die norwegische Grenze fahren. Auch das Sommerparadies von Saltkrokan ist nicht weit: Die Schäreninsel Norröra vor Stockholm bietet all die herrlichen Buchten, Wälder und sogar das rote Schreinerhaus, in dem Melcher mit seinen Kindern die Ferien verbringt.

Informationen zu den genannten Museen und Freizeitparks finden Sie unter: **www.astrid-lindgren.de**

Zum Weiterlesen:

Petter Karlsson/Johan Erséus
Von Pippi, Michel, Karlsson & Co.
Astrid Lindgrens Filmwelt
*Mit vielen Fotos und Illustrationen
Aus dem Schwedischen
von Dagmar Brunow
Schutzumschlag, 224 Seiten
ISBN 978-3-7891-3405-0*

ASTRID LINDGREN. Lesebuch zum 100. Geburtstag

Sind Sie ein Lindgren-Experte?
Testen Sie Ihr Wissen!

Ein Ratespiel für alle, die Astrid Lindgrens Kinderbücher lieben

Erkennen Sie, aus welchen Büchern die 15 Textausschnitte auf den folgenden Seiten stammen? Ordnen Sie die Textstellen den Titeln am Ende der Sammlung zu! Bei jedem Titel finden Sie einen Lösungsbuchstaben – alle zusammen ergeben das Motto des Astrid-Lindgren-Jahres. Viel Spaß beim Wiedererkennen und Knobeln!

Es gibt keinen Menschen, der so große Ohren hat. Das wäre ja komisch. Wie würde das aussehen? So große Ohren kann man nicht haben. Jedenfalls nicht hier in diesem Land«, fügte sie nach einer nachdenklichen Pause hinzu. »In China ist das ja was anderes. Ich hab mal in Shanghai einen Chinesen gesehen. Seine Ohren waren so groß, dass er sie als Umhang benutzen konnte. Wenn es regnete, kroch er unter die Ohren, und darunter war es so warm und schön, wie man sich nur denken kann. Obwohl die Ohren es auch ganz gemütlich hatten. Wenn besonders schlechtes Wetter war, lud er seine Freunde und Bekannten ein, unter seine Ohren zu kommen. Da saßen sie dann und sangen ihre schwermütigen Lieder, bis der Regen vorüber war. Sie hatten ihn seiner Ohren wegen sehr gern. Hai Shang hieß er. Ihr hättet mal sehen sollen, wenn Hai Shang morgens zu seiner Arbeit lief. Er kam immer in der letzten Minute angerannt, denn er schlief so gern lange, und ihr könnt euch nicht vorstellen, wie hübsch das aussah, wenn er angesaust kam und die Ohren wie zwei große gelbe Segel hinter ihm herflatterten.

Lösungsbuchstabe 2

102

DAS GROSSE ASTRID-LINDGREN-GESCHICHTENQUIZ

Jetzt findet sie auf dem Fußboden in der Küche eine Erbse und schwups hat sie sich die Erbse in die Nase gesteckt. Nur um mal zu sehen, ob sie sie hineinkriegt. Und sie kriegt sie hinein. Ziemlich tief sogar.

Dann will Lisabet die Erbse wieder herausholen. Jetzt hat sie es ja ausprobiert. Aber jetzt will die Erbse nicht. Sie steckt, wo sie steckt. Lisabet bohrt und bohrt, aber die Erbse will nicht wieder herauskommen. Lisabet bittet ihr zu helfen und versucht es auch. Aber nein, die Erbse kommt nicht wieder raus.

»Vielleicht hat sie da Wurzeln geschlagen«, sagt nachdenklich. »Pass auf, mit einmal wachsen dir Blüten aus der Nase. Hoffentlich sind es wenigstens Wicken, die gut riechen.«

Lösungsbuchstabe 6 ☐

Tränen traten mir in die Augen, denn solche Tauben hatte ich nur bei Sophia gesehen und davor, lange Zeit davor, ein einziges Mal in einer anderen Welt vor meinem Fenster.

Und jetzt tat ich etwas Unerhörtes: Ich sprang vom Pferd und mit wenigen Sätzen war ich bei dem Alten, schlang ihm die Arme um den Hals und flüsterte in meiner Verzweiflung: »Hilf mir! Rette mich! Sag, dass du mein Großvater bist!«

Ich hatte furchtbare Angst und war ganz sicher, dass er mich wegstoßen würde, wenn er Veder und Kader in ihren schwarzen Helmen hinter mir sah. Weshalb sollte er meinetwegen lügen und vielleicht deshalb in der Katlahöhle landen?

Lösungsbuchstabe 3 ☐

 = *Hier fehlt ein Name, der das Raten zu einfach gemacht hätte!*

Da drangen tief aus dem Nebel ein paar leise, zart klagende Töne, da erklang ein Gesang und dieser Gesang war so wundersam. Noch nie hatte sie Ähnliches gehört, oh wie schön es klang, wie diese Töne ihren Wald mit Lieblichkeit erfüllten! Und sie nahmen ihr alle Furcht, sie trösteten sie. Ganz still stand sie da und ließ sich trösten. Wie schön es war! Und wie der Gesang lockte und zog! Ja, sie spürte, dass die, die dort sangen, wünschten, sie solle den Pfad verlassen und ihren Locktönen in den Nebel hinein folgen.

Der Gesang schwoll an. Er ließ ihr Herz erbeben und plötzlich vergaß sie das Wolfslied, das zu Hause auf sie wartete. Alles vergaß sie. Jetzt wollte sie nur zu denen gelangen, die aus dem Nebel nach ihr riefen. »Ja, ich komme!«, rief sie und ging ein paar Schritte vom Weg fort. Doch da ruckte es so heftig am Riemen, dass sie hinfiel. »Wo willst du hin?«, schrie Birk. »Wenn du dich von den Unterirdischen locken lässt, dann bist du verloren, das weißt du!«

Lösungsbuchstabe **5**

»Ritter Katos Burg«, flüsterte Jum-Jum und Miramis zitterte an allen Gliedern.

Ritter Katos Burg! Dort war er, auf der anderen Seite dieses schwarzen Wassers wohnte mein Feind, zu dem ich gekommen war, um gegen ihn zu kämpfen. Dieses böse Auge, das über den See starrte, erschreckte mich, obwohl ich mich nicht mehr fürchten wollte. Es erschreckte mich – wie sollte einer, der so klein war wie ich, jemanden besiegen können, der so böse und gefährlich war wie Ritter Kato?

Lösungsbuchstabe **9**

DAS GROSSE ASTRID-LINDGREN-GESCHICHTENQUIZ

»Das bin ich«, sagte Melcher zufrieden. »Ein sehr tüchtiger Mann, wenn ich das von mir selber sagen darf.«

In diesem Augenblick kam eine von Pelles Wespen angesurrt, und da Melcher schon einmal gestochen worden war, fuchtelte er jetzt mit der Spritze herum, um sie zu verscheuchen. Wie er es angestellt hatte, war hinterher nicht festzustellen. Das war fast nie möglich bei Melchers Missgeschicken, es blieb stets ein Geheimnis. Malin in der Küche hörte jedenfalls den Aufschrei, und als sie ans Fenster stürzte, sah sie Melcher draußen stehen, die Augen fest zusammengekniffen und das Gesicht verkleistert. Tüchtig, wie er war, hatte er sich selber mit der Spritze bemalt und er war weiß im Gesicht wie eine Sahnetorte.

Lösungsbuchstabe 4

»Guck mal, Papa, so viel Teig!«, jauchzte er und hielt die Schüssel noch weiter hinaus. Aber – kann man sich so was Schreckliches vorstellen? – er konnte sie nicht mehr halten und die Steingutschüssel mit ihrem blutigen Inhalt fiel genau auf 🐸 Papa hinunter, wie er da lag, die Nase in der Luft.

»Blupp«, sagte 🐸 Papa, denn mehr kann man nicht sagen, wenn man in Blutklößeteig eingemauert ist. Aber er erhob sich mühsam aus dem Gras und schließlich brachte er ein Gebrüll hervor, zuerst gedämpft vom Blutklößeteig, aber dann so, dass es über ganz Lönneberga zu hören war ...

Lösungsbuchstabe 1

Jeden Tag ging ich nun hin und begoss das Beet und ich war so neugierig, was dort wohl wachsen könnte. Ich dachte, es würde vielleicht ein Rosenstrauch oder irgendetwas andres Feines werden. Aber was es wirklich wurde, das hätte ich nie, nie erraten können.

Eines Morgens, als ich wie gewöhnlich zum Gießen herauskam, sah ich etwas Rotes in der Erde schimmern, ein winzig kleines Stück von etwas Rotem. Mit jedem Tag wurde dieses Rote größer und größer und endlich konnte man sehen, was es war. Könnt ihr raten, was es war? Es war ein roter Puppenhut!

Lösungsbuchstabe 14

»Hat einer von euch Lotta gesehen?«, fragte Papa.

Aber wir hatten Lotta eine ganze Weile nicht gesehen und wir gingen los und suchten sie. Erst suchten wir überall drinnen im Haus und in allen Wandschränken, aber da war keine Lotta Und Papa wurde unruhig – er hatte nämlich Mama versprochen auf sie aufzupassen. Schließlich gingen wir raus und suchten, Jonas und Papa und ich, in der Scheune und auf dem Heuboden und überall. Aber dann gingen wir hinter die Scheune, und stellt euch vor, da stand Lotta mitten im Regen und mitten auf dem Dunghaufen, und sie war durch und durch nass.

»Aber liebe kleine Lotta, warum stehst du denn da?«, fragte Papa. Da weinte Lotta und sagte: »Weil ich wachsen will und so groß werden will wie Jonas und Mia-Maria!«

Lösungsbuchstabe 8

Nie zuvor hatte sie gewusst, dass auch Worte schön sein können, und nun erfuhr sie es und sie sanken ihr in die Seele wie Morgentau auf eine Sommerwiese. Ach, sie wollte sie in ihrem Herzen bewahren für alle Zeit und nie wieder vergessen, aber schon als sie mit Pompadulla heimkehrte ins Spittel, waren sie ihr aus dem Gedächtnis entschwunden. Nur ein paar wunderliebliche Worte wusste sie noch und sie sagte sie leise vor sich hin, wieder und immer wieder ...

Singt meine Nachtigall?

So lauteten die Worte und in ihrem Glanz schwand alles Elend und aller Jammer des Armenhauses dahin. Warum es so war, wusste sie nicht, doch ein Segen war es, dass es so war.

Lösungsbuchstabe **7**

Die Jungen hatten sich Flitzbogen und Pfeile gemacht und sie machten auch welche für uns. Lasse sagte, am anderen Ende des Gehölzes wohnten andere Indianer. Sie hießen Comanchen und wären sehr tückisch und gefährlich. Wir nahmen unsere Flitzbogen und rannten unter furchtbarem Kriegsgeheul durch das Dickicht.

Am anderen Ende des Gehölzes weideten unsere Kühe. Lasse sagte, das wären die feindlichen Comanchen. Man könne es am Namen hören. Nein, wie die Comanchen davonrannten! Lasse schrie ihnen in der Indianersprache etwas nach, aber ich glaube nicht, dass sie es verstanden.

Lösungsbuchstabe **11**

Man darf nicht annehmen, dass außer mir und Lennart noch irgendjemand wusste, was Liebe ist. Lennarts Mama begriff es überhaupt nicht. Sie sagte nur, man brauche Zeit, um sich gegenseitig richtig kennenzulernen, und junge Juristen könnten es sich eigentlich nicht leisten zu heiraten, und es sei für die Karriere hinderlich, wenn man zu früh eine Familie gründe.

Nein, wisst ihr was: Wenn junge Menschen auf all das hören wollten, was alte Leute reden, so würde die Entwicklung stocken und die Erdkugel stillstehen.

»Sich kennenlernen!« Als ob ich Lennart nicht kenne!

Lösungsbuchstabe 10

Aber Lillebror konnte nicht ruhig sein, als er sah, wie es brannte. Er holte einen alten Lappen und erstickte die kleinen, munteren Flämmchen. Wo sie getanzt hatten, blieben jetzt große hässliche Flecke auf der Politur des Bücherbords zurück. »Guck mal, wie das Bücherbord aussieht«, sagte Lillebror bekümmert. »Was wird Mama sagen?«

»Ach was, das stört keinen großen Geist«, sagte 🧒 . »Ein paar unbedeutende Flecke auf einem Bücherbord – das stört keinen großen Geist. Bestell das deiner Mama.«

Lösungsbuchstabe 13

DAS GROSSE ASTRID-LINDGREN-GESCHICHTENQUIZ

»Hände hoch!« Es war Onkel Einars Stimme, aber doch nicht seine Stimme. Sie klang, ja – sie klang wie Stahl.

Es ist immer am besten, einer Gefahr gerade ins Auge zu sehen. 🟢 drehte sich um und blickte direkt in eine Revolvermündung. Ach, in der Fantasie hatte er es so viele, viele Male getan und es hatte ihm niemals etwas ausgemacht. Mit einem schnellen Schlag hatte er den Kerl überrumpelt, der auf ihn gezielt hatte, und mit einem »Nicht so eilig, bester Herr« hatte er ihm geschickt den Revolver entwunden.

In der Wirklichkeit ging es etwas anders zu ...

Lösungsbuchstabe 12

In den Pferdestall scheint der Mond hinein. Dort drinnen steht der Braune und schnaubt leise. Er träumt von der Wiese, wo er im Sommer trabte. 🟢 spricht zu ihm. Wichtelworte raunt er ihm zu: »Viele Winter und viele Sommer sah ich kommen und gehen. Geduld nur, Geduld! Bald trabst du wieder über die Wiese und durch den Wald.«

Die Schafe und Lämmer schlafen. Sie träumen von Gras und Klee. Als 🟢 durch die Stalltür schlüpft, blöken sie leise. Er spricht zu ihnen. Wichtelworte raunt er ihnen zu: »Viele Winter und viele Sommer sah ich kommen und gehen. Eure Wolle schützt euch vor Kälte und Schnee und die Krippe ist voll mit Laub und Heu.«

Lösungsbuchstabe 15

ASTRID LINDGREN. Lesebuch zum 100. Geburtstag

DAS GROSSE ASTRID-LINDGREN-GESCHICHTENQUIZ

Lösung:

1	2	3	4	5	6	7

8	9	10	11	12	13	14	15

Zeittafel

1907	Am 14. November wird Astrid Anna Emilia Ericsson auf Näs bei Vimmerby im schwedischen Småland als zweites Kind des Pfarrhofpächters Samuel August Ericsson und seiner Frau Hanna geboren.
1914	Astrid Ericsson kommt in die Schule.
1920	Umzug der Familie aus dem roten Pachthaus in ein größeres Haus auf dem Pfarrhof
1924	Nach dem Schulabschluss Volontariat bei der »Vimmerby Tidningen« in Vimmerby
1926	Sekretärin in Stockholm. Geburt des Sohnes Lars
1931	Astrid Ericsson heiratet Sture Lindgren, Direktor des Königlichen Automobilclubs.
1934	Geburt der Tochter Karin
1944	Astrid Lindgren schreibt die Geschichte von Pippi Langstrumpf als Geburtstagsgeschenk für ihre Tochter auf.
1945	Astrid Lindgren gewinnt mit »Pippi Langstrumpf« den ersten Preis des Verlags Rabén & Sjögren im Wettbewerb für Kinderbücher.

1946	Astrid Lindgren erhält den Literaturpreis der Zeitung Svenska Dagbladet für »Pippi Langstrumpf« und den geteilten ersten Preis im Wettbewerb des Verlags Rabén & Sjögren für »Kalle Blomquist Meisterdetektiv« in der Kategorie Jugendkrimis. Von nun an arbeitet sie in der Kinderbuchabteilung im Verlag Rabén & Sjögren.
1949	Die deutsche Erstausgabe von »Pippi Langstrumpf« erscheint.
1950	Am 27. Oktober wird Astrid Lindgrens erster Enkel, Mats, geboren. Für »Im Wald sind keine Räuber« erhält Astrid Lindgren den Nils-Holgersson-Preis.
1952	Tod des Ehemannes Sture Lindgren
1956	Astrid Lindgren erhält die Prämie des Deutschen Jugendliteraturpreises für »Mio, mein Mio«.
1958	Astrid Lindgren wird mit dem Internationalen Jugendbuchpreis, dem Hans-Christian-Andersen-Preis, für »Rasmus und der Landstreicher« und das Gesamtwerk ausgezeichnet.
1963	Astrid Lindgren wird auf Lebenszeit in die literarische Gesellschaft »Samfundet de Nio« (Gesellschaft der Neun) gewählt.
1965	Astrid Lindgren erhält den Schwedischen Staatspreis für Literatur für ihr Gesamtwerk.

1966	In Berlin-Spandau wird die erste Schule in Deutschland nach Astrid Lindgren benannt. Heute tragen fast 200 Schulen ihren Namen.
1971	Astrid Lindgren wird die Große Goldmedaille der Schwedischen Akademie für Literatur verliehen.
1976	Astrid Lindgren schreibt das Steuermärchen »Pomperipossa in Monismanien«, was zum Regierungswechsel führt.
1978	Astrid Lindgren erhält als erste Kinderbuchautorin den Friedenspreis des Deutschen Buchhandels.
1980	Astrid Lindgren übernimmt den Vorsitz der literarischen Gesellschaft »Samfundet des Nio«
1984	In Kiel-Mettenhof wird die erste Straße in Deutschland nach Astrid Lindgren benannt.
1985–1989	Astrid Lindgren setzt sich zusammen mit der Tierärztin Kristina Forslund für den Tierschutz ein und streitet sich heftig mit den Ministern und wichtigen Vertretern aus der Landwirtschaft. Sie fordert die Abschaffung der katastrophalen Missstände in der Massentierhaltung und löst damit in Schweden eine Tierschutzdebatte aus.
1987	Astrid Lindgren erhält die Goldmedaille des Schwedischen Tierschutzvereins.

1988	Astrid Lindgrens hartnäckiger Kampf gegen Massentierhaltung hat Erfolg: Durch ihr Einwirken tritt in Schweden ein neues, verbessertes Tierschutzgesetz in Kraft.
1994	Astrid Lindgren wird am 9. Dezember im Schwedischen Parlament in Stockholm der Alternative Nobelpreis verliehen.
1996	Am 3. Mai erscheint in Schweden die erste »Astrid Lindgren«-Briefmarke.
1997	Astrid Lindgren wird zur »Schwedin des Jahres in der Welt« gekürt.
1999	Astrid Lindgren wird bei einer Umfrage der schwedischen Tageszeitung »Expressen« zur beliebtesten Schwedin des Jahrhunderts gewählt.
2002	Am 28. Januar stirbt Astrid Lindgren in Stockholm.

Auszeichnungen aus aller Welt

1944   Zweiter Preis des Verlags Rabén & Sjögren, Stockholm, im Wettbewerb »Mädchenbücher 10–15 Jahre« für »Britt-Mari erleichtert ihr Herz«

1945   Erster Preis des Verlags Rabén & Sjögren, Stockholm, im Wettbewerb »Kinderbücher 6–10 Jahre« für »Pippi Langstrumpf«

1946   Literaturpreis der Zeitung Svenska Dagbladet für »Pippi Langstrumpf«
Geteilter erster Preis des Verlags Rabén & Sjögren, Stockholm, im Wettbewerb »Jugendkrimis« für »Meisterdetektiv Blomquist«

1950   Nils-Holgersson-Preis für »Im Wald sind keine Räuber«

1956   Deutscher Jugendbuchpreis (heute: Deutscher Jugendliteraturpreis), Prämie, für »Mio, mein Mio«

1957   Staatsstipendium für große literarische Verdienste

1958   Internationaler Jugendbuchpreis, Hans-Christian-Andersen-Preis, für »Rasmus und der Landstreicher« und das Gesamtwerk

1959   Children's Spring Book Festival Award, New York Herald Tribune, für »Sia wohnt am Kilimandscharo« (Fotos: Anna Riwkin-Brick)

ÜBERSICHTEN

1965 Schwedischer Staatspreis für Literatur für das Gesamtwerk

1966 Literaturstipendium der Zeitschrift Svensk Damtidning

1970 Heffaklumpen der schwedischen Zeitung »Expressen« für »Michel bringt die Welt in Ordnung«
Ehrenpreis »Das Goldene Schiff« der Schwedischen Gesellschaft für Literaturförderung für das Gesamtwerk
Lewis Carroll Shelf Award für »Tomte Tummetott« (Bilder: Harald Wiberg)

1971 Große Goldmedaille der Schwedischen Akademie für Literatur
Iranischer Kinderbuchpreis für »Pippi Langstrumpf«

1973 Dr. phil. h.c. der Universität Linköping
The Brooklyn Art Books for Children Citations für »Tomte Tummetott«
Lewis Carroll Shelf Award für »Pippi Langstrumpf«
Silberner Griffel (Niederlande) für »Lotta zieht um«

1974 Medaille des schwedischen Buchhandels für »Die Brüder Löwenherz«
Medaille des Lächelns (Sowjetunion) für »Karlsson vom Dach« und »Pippi Langstrumpf«

1975 Litteris et Artibus, Königlich Schwedische Medaille für Literatur und Kunst
Silberner Griffel (Niederlande) für »Die Brüder Löwenherz«

1978 Friedenspreis des Deutschen Buchhandels
Honorary Doctor of Letters, University of Leicester

1978 Premio Bancarelino (Italien) für »Die Brüder Löwenherz«
International Writer's Prize Award des Welsh Art Council, Cardiff/Wales
Raiffeisenkulturpreis für besondere Verdienste um die Jugend

1979 Wilhelm-Hauff-Preis für »Die Brüder Löwenherz«
Internationaler Janusz-Korczak-Preis für »Die Brüder Löwenherz«

1983 »Ronja Räubertochter« – Buch des Monats der Deutschen Akademie für Kinder- und Jugendliteratur
Kulturpreis der Gemeinde Vimmerby

1984 Dag-Hammarskjöld-Medaille

1985 Jovan-Jovanovic-Zmaj-Kinderbuchpreis (Jugoslawien)
Karen-Blixen-Medaille der Dänischen Akademie
Illis Quorum (Orden) der schwedischen Regierung
John Hanson Award (USA)
Ernennung zur Ehrenlandwirtin durch den schwedischen Bauernverband
Loisirs jeune élu par l'enfant (Frankreich)

1986 Selma-Lagerlöf-Literaturpreis
Schwede des Jahres (Schwedischer Rat von Amerika)
Tierfreund des Jahres (Schwedischer Tierschutzverband)
LEGO-Preis (Dänemark)

1987 Leo-Tolstoi-Preis (Sowjetunion)
Goldmedaille des schwedischen Tierschutzvereins

1989 Ehrendoktor der Universität Warschau (Polen)
Albert-Schweitzer-Medaille des Animal Welfare Institute (Washington, USA)

ÜBERSICHTEN

1991 Joseph-Wood-Krutch-Medaille (Gesellschaft für Tierschutz, USA)

1993 International Book Award
Albert-Engström-Preis
Preis der »Foreign Press Association of Sweden«

1994 Deutscher Videopreis
Alternativer Nobelpreis (The Right Livelihood Honorary Award)

1995 Honorary Sign of Freedom der Republik Slowenien
Die Goldene Arche (Eurogroup for Animal Welfare)

1996 Gabriela-Mistral-Medaille
Medaille des slowenischen Staates

1997 Beliebteste Schwedin des Jahres (Umfrage der Zeitung »Expressen«)
Dramatikerpreis der Stiftung des Nordischen Theaterverlages
Freiheitsstift, Preis der schwedischen Journalistenvereinigung
Prometheusstern der Akademie St. Petersburg
Fünf goldene Schallplatten für 1,25 Millionen verkaufte Pippi-Langstrumpf-Hörspiele in Deutschland
»Stift der Freiheit«, Dänemark

1999 Beliebteste Schwedin des Jahrhunderts (Umfrage der Zeitung »Expressen«)

2002 Internationaler Buchpreis CORINE, Deutschland (posthum verliehen)

ASTRID LINDGREN. Lesebuch zum 100. Geburtstag

Bilderbücher

ISBN 978-3-7891-6824-6

ISBN 978-3-7891-6137-7

ISBN 978-3-7891-6139-1

ISBN 978-3-7891-6819-2

ISBN 978-3-7891-6846-8

ISBN 978-3-7891-2231-6

ISBN 978-3-7891-6837-6

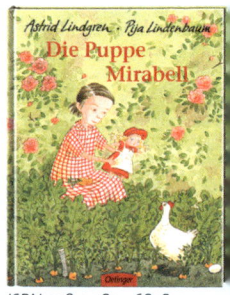
ISBN 978-3-7891-6838-3

*Weitere Informationen unter: **www.oetinger.de***

LIEFERBARE BÜCHER

ISBN 978-3-7891-6823-9

ISBN 978-3-7891-2232-3

ISBN 978-3-7891-5930-5

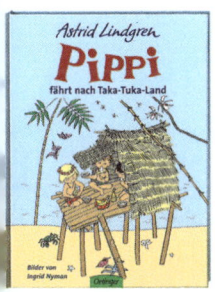
ISBN 978-3-7891-6849-9

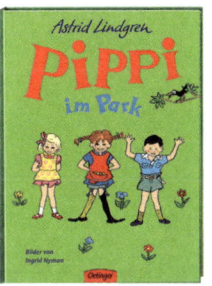
ISBN 978-3-7891-6828-4

ISBN 978-3-7891-7055-3

978-3-7891-6806-2

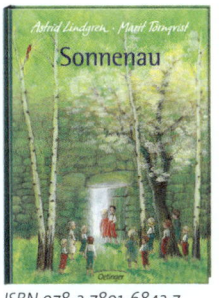
ISBN 978-3-7891-6843-7

ISBN 978-3-7891-6130-8

*Weitere Informationen unter: **www.oetinger.de***

ASTRID LINDGREN. Lesebuch zum 100. Geburtstag

ISBN 978-3-7891-6131-5

ISBN 978-3-7891-6132-2

ISBN 978-3-7891-6037-0

ISBN 978-3-7891-6035-6

ISBN 978-3-7891-6033-2

ISBN 978-3-7891-6034

ISBN 978-3-7891-5531-4

ISBN 978-3-7891-6133-9

ISBN 978-3-7891-6134-6

*Weitere Informationen unter: **www.oetinger.de***

LIEFERBARE BÜCHER

ISBN 978-3-7891-6140-7

ISBN 978-3-7891-6136-0

ISBN 978-3-7891-6802-4

ISBN 978-3-7891-6141-4

ISBN 978-3-7891-5530-7

ISBN 978-3-7891-5532-1

Kinder- und Jugendbücher

ISBN 978-3-7891-1154-9

ISBN 978-3-7891-1140-2

*Weitere Informationen unter: **www.oetinger.de***

ASTRID LINDGREN. Lesebuch zum 100. Geburtstag

ISBN 978-3-7891-1180-8

ISBN 978-3-7891-1147-1

ISBN 978-3-7891-0501-2

ISBN 978-3-7891-0545-6

ISBN 978-3-7891-2941-4

ISBN 978-3-7891-1944-6

ISBN 978-3-7891-1945-3

ISBN 978-3-7891-1946-0

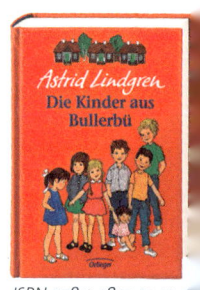

ISBN 978-3-7891-2945-2

*Weitere Informationen unter: **www.oetinger.de***

LIEFERBARE BÜCHER

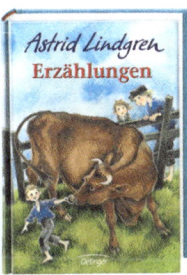

ISBN 978-3-7891-2948-3

ISBN 978-3-7891-4119-5

ISBN 978-3-7891-4108-9

ISBN 978-3-7891-4127-0

ISBN 978-3-7891-4128-7

ISBN 978-3-7891-4129-4

ISBN 978-3-7891-4130-0

ISBN 978-3-7891-4111-9

ISBN 978-3-7891-4112-6

*Weitere Informationen unter: **www.oetinger.de***

ASTRID LINDGREN. Lesebuch zum 100. Geburtstag

ISBN 978-3-7891-4113-3

ISBN 978-3-7891-4102-7

ISBN 978-3-7891-4135-5

ISBN 978-3-7891-4137-9

ISBN 978-3-7891-4149-2

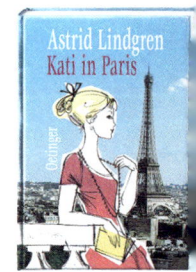
ISBN 978-3-7891-4148-5

ISBN 978-3-7891-4157-7

ISBN 978-3-7891-4118-8

ISBN 978-3-7891-2234-7

Weitere Informationen unter: **www.oetinger.de**

LIEFERBARE BÜCHER

ISBN 978-3-7891-4110-2

ISBN 978-3-7891-4132-4

ISBN 978-3-7891-4105-8

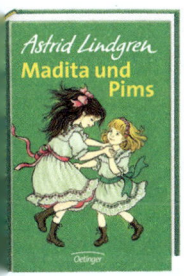

ISBN 978-3-7891-4106-5

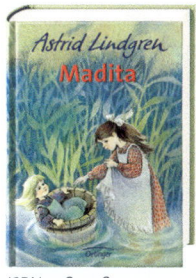

ISBN 978-3-7891-4114-0

ISBN 978-3-7891-4117-1

ISBN 978-3-7891-4125-6

ISBN 978-3-7891-4156-0

ISBN 978-3-7891-2947-6

*Weitere Informationen unter: **www.oetinger.de***

ASTRID LINDGREN. Lesebuch zum 100. Geburtstag

ISBN 978-3-7891-1925-5

ISBN 978-3-7891-1926-2

ISBN 978-3-7891-1927-9

ISBN 978-3-7891-2946-9

ISBN 978-3-7891-1854-8

ISBN 978-3-7891-1855-5

ISBN 978-3-7891-1856-2

ISBN 978-3-7891-4155-3

ISBN 978-3-7891-4116-4

Weitere Informationen unter: **www.oetinger.de**

LIEFERBARE BÜCHER

ISBN 978-3-7891-0691-0

ISBN 978-3-7891-1851-7

ISBN 978-3-7891-1852-4

ISBN 978-3-7891-1853-1

ISBN 978-3-7891-2944-5

ISBN 978-3-7891-4161-4

ISBN 978-3-7891-4163-8
Erscheinungstermin: August 2007

ISBN 978-3-7891-4159-1
Erscheinungstermin: August 2007

ISBN 978-3-7891-2940-7

*Weitere Informationen unter: **www.oetinger.de***

ASTRID LINDGREN. Lesebuch zum 100. Geburtstag

ISBN 978-3-7891-4107-2

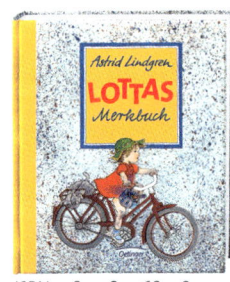
ISBN 978-3-7891-6817-8

ISBN 978-3-7891-0709-2

ISBN 978-3-7891-0706-1

ISBN 978-3-7891-4162-1
Erscheinungstermin: August 2007

Jubiläums-Ausgaben

ISBN 978-3-7891-4096-9

ISBN 978-3-7891-4095-

*Weitere Informationen unter: **www.oetinger.de***

LIEFERBARE BÜCHER

ISBN 978-3-7891-4097-6

ISBN 978-3-7891-4090-7
Erscheinungstermin: April 2007

ISBN 978-3-7891-4093-8
Erscheinungstermin: Mai 2007

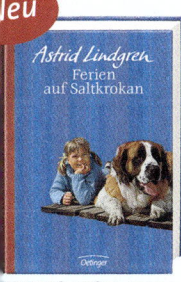

ISBN 978-3-7891-4092-1
Erscheinungstermin: Juni 2007

ISBN 978-3-7891-4091-4
Erscheinungstermin: Juli 2007

ISBN 978-3-7891-4099-0
Erscheinungstermin: August 2007

ISBN 978-3-7891-4089-1
Erscheinungstermin:
September 2007

ISBN 978-3-7891-4094-5
Erscheinungstermin: Oktober 2007

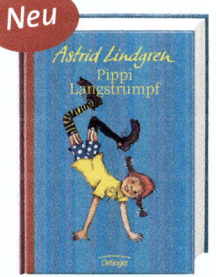

ISBN 978-3-7891-4098-3
Erscheinungstermin:
November 2007

*Weitere Informationen unter: **www.oetinger.de***

ASTRID LINDGREN. Lesebuch zum 100. Geburtstag

ISBN 978-3-7891-4100-3
Erscheinungstermin:
November 2007

ISBN 978-3-7891-4088-4
Erscheinungstermin:
November 2007

Zu Leben und Werk

ISBN 978-3-7891-3151-6

ISBN 978-3-7891-3168-4
Erscheinungstermin: Aug

ISBN 978-3-7891-3402-9

ISBN 978-3-7891-3404-3

ISBN 978-3-7891-3405-0

*Weitere Informationen unter: **www.oetinger.de***

LIEFERBARE BÜCHER

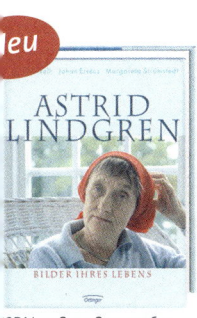

SBN 978-3-7891-3516-3

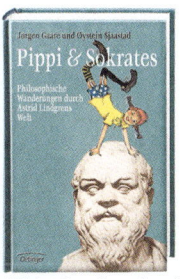

ISBN 978-3-7891-3610-8

ISBN 978-3-7891-1940-8

SBN 978-3-7891-4136-2

ISBN 978-3-7891-4124-9

ISBN 978-3-7891-4717-3

SBN 978-3-7891-7610-4

ISBN 978-3-7891-6039-4

*Weitere Informationen unter: **www.oetinger.de***

ASTRID LINDGREN. Lesebuch zum 100. Geburtstag

Tonträger

4 CD ISBN 978-3-7891-0250-9

2 CD ISBN 978-3-7891-017
2 MC ISBN 978-3-7891-017

CD ISBN 978-3-7891-0172-4
MC ISBN 978-3-7891-0173-1

CD ISBN 978-3-7891-0174-8
MC ISBN 978-3-7891-0175-5

CD ISBN 978-3-7891-0176
MC ISBN 978-3-7891-0177

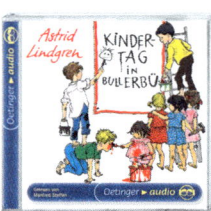
CD ISBN 978-3-7891-0178-6
MC ISBN 978-3-7891-0179-3

CD ISBN 978-3-7891-0341-4
Erscheinungstermin: August 2007

CD ISBN 978-3-7891-018

*Weitere Informationen unter: **www.oetinger-audio.de***

LIEFERBARE TONTRÄGER

4 CD ISBN 978-3-7891-0084-0
4 MC ISBN 978-3-7891-0085-7

2 CD ISBN 978-3-7891-0233-2
2 MC ISBN 978-3-7891-0234-9

2 CD ISBN 978-3-7891-0182-3
2 MC ISBN 978-3-7891-0183-0

CD ISBN 978-3-7891-0184-7
MC ISBN 978-3-7891-0185-4

CD ISBN 978-3-7891-0186-1
MC ISBN 978-3-7891-0187-8

2 CD ISBN 978-3-7891-0339-1
Erscheinungstermin: August 2007

CD ISBN 978-3-7891-0188-5
MC ISBN 978-3-7891-0189-2

CD ISBN 978-3-7891-0190-8
MC ISBN 978-3-7891-0191-5

CD ISBN 978-3-7891-0192-2
MC ISBN 978-3-7891-0193-9

*Weitere Informationen unter: **www.oetinger-audio.de***

ASTRID LINDGREN. Lesebuch zum 100. Geburtstag

2 CD ISBN 978-3-7891-0194-6
2 MC ISBN 978-3-7891-0195-3

CD ISBN 978-3-7891-0342-1
Erscheinungstermin: August 2007

CD ISBN 978-3-7891-0196
MC ISBN 978-3-7891-0197

CD ISBN 978-3-7891-0198-4
MC ISBN 978-3-7891-0199-1

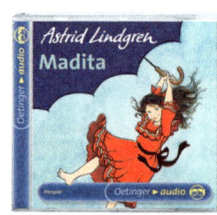

CD ISBN 978-3-7891-0200-4
MC ISBN 978-3-7891-0201-1

CD ISBN 978-3-7891-020.
MC ISBN 978-3-7891-020

CD ISBN 978-3-7891-0244-8
MC ISBN 978-3-7891-0245-5

4 CD ISBN 978-3-7891-0082-6
4 MC ISBN 978-3-7891-0083-3

CD ISBN 978-3-7891-020
MC ISBN 978-3-7891-020

*Weitere Informationen unter: **www.oetinger-audio.de***

LIEFERBARE TONTRÄGER

CD ISBN 978-3-7891-0206-6
MC ISBN 978-3-7891-0207-3

CD ISBN 978-3-7891-0208-0
MC ISBN 978-3-7891-0209-7

CD ISBN 978-3-7891-0212-7
MC ISBN 978-3-7891-0213-4

CD ISBN 978-3-7891-0210-3
MC ISBN 978-3-7891-0211-0

CD ISBN 978-3-7891-0246-2
MC ISBN 978-3-7891-0247-9

CD ISBN 978-3-7891-0214-1
MC ISBN 978-3-7891-0215-8

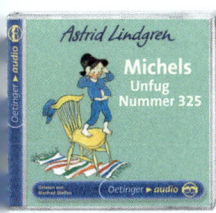

CD ISBN 978-3-7891-0216-5
MC ISBN 978-3-7891-0217-2

CD ISBN 978-3-7891-0343-8
Erscheinungstermin: August 2007

4 CD ISBN 978-3-7891-0218-9

Weitere Informationen unter: **www.oetinger-audio.de**

ASTRID LINDGREN. Lesebuch zum 100. Geburtstag

CD ISBN 978-3-7891-0219-6
MC ISBN 978-3-7891-0210-2

CD ISBN 978-3-7891-0221-9
MC ISBN 978-3-7891-0222-6

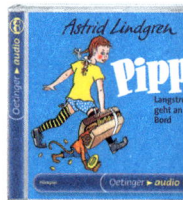
CD ISBN 978-3-7891-022
MC ISBN 978-3-7891-022

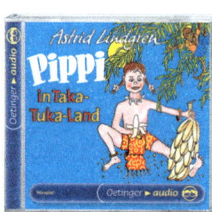
CD ISBN 978-3-7891-0225-7
MC ISBN 978-3-7891-0226-4

3 CD ISBN 978-3-7891-0340-7
Erscheinungstermin: August 2007

ISBN 978-3-7891-0344-5
Erscheinungstermin: Aug

CD ISBN 978-3-7891-0229-5
MC ISBN 978-3-7891-0220-1

CD ISBN 978-3-7891-0227-1
MC ISBN 978-3-7891-0228-8

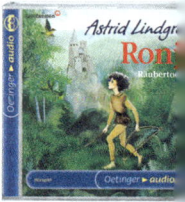
CD ISBN 978-3-7891-02
MC ISBN 978-3-7891-02

*Weitere Informationen unter: **www.oetinger-audio.de***

LIEFERBARE TONTRÄGER

2 CD ISBN 978-3-7891-0338-4
Erscheinungstermin: August 2007

Jubiläums-Tonträger

CD ISBN 978-3-7891-0325-4

CD ISBN 978-3-7891-0326-1

CD ISBN 978-3-7891-0327-8

CD ISBN 978-3-7891-0328-5

CD ISBN 978-3-7891-0329-2

CD ISBN 978-3-7891-0330-8

CD ISBN 978-3-7891-0331-5

*Weitere Informationen unter: **www.oetinger-audio.de***

ASTRID LINDGREN. Lesebuch zum 100. Geburtstag

CD ISBN 978-3-7891-0332-2

CD ISBN 978-3-7891-0333-9

CD ISBN 978-3-7891-033⌐

CD ISBN 978-3-7891-0335-3

CD ISBN 978-3-7891-0336-0

5 CD ISBN 978-3-7891-0⌐

CD-ROM

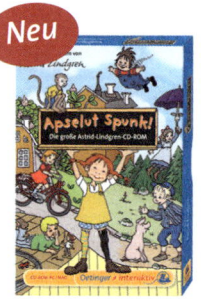

ISBN 978-3-7891-8047-7
Erscheinungstermin:
August 2007

ISBN 978-3-7891-8036-1

ISBN 978-3-7891-802⌐

*Weitere Informationen unter: **www.oetinger-interaktiv.de***